PROCESO LABORAL Y DIGITALIZACIÓN TRAS EL RDL 6/2023, DE 19 DE DICIEMBRE

COLECCIÓN LABORAL
(Fundada por IGNACIO ALBIOL MONTESINOS)

Procedimiento de selección de originales, ver página web:
www.tirant.net/index.php/editorial/procedimiento-de-seleccion-de-originales

PROCESO LABORAL Y DIGITALIZACIÓN TRAS EL RDL 6/2023, DE 19 DE DICIEMBRE

Luis Enrique Nores Torres
Catedrático de Derecho del Trabajo y la Seguridad Social
Universitat de València

tirant lo blanch
Valencia, 2024

En caso de erratas y actualizaciones, la Editorial Tirant lo Blanch publicará la pertinente corrección en la página web www.tirant.com.

© TIRANT LO BLANCH
EDITA: TIRANT LO BLANCH
C/ Artes Gráficas, 14 - 46010 - Valencia
TELFS.: 96/361 00 48 - 50
FAX: 96/369 41 51
Email: tlb@tirant.com
www.tirant.com
Librería virtual: www.tirant.es
DEPÓSITO LEGAL: V-1724-2024
ISBN: 978-84-1056-716-0
MAQUETA: Tink Factoría de Color

Si tiene alguna queja o sugerencia, envíenos un mail a: *atencioncliente@tirant.com*. En caso de no ser atendida su sugerencia, por favor, lea en *www.tirant.net/index.php/empresa/politicas-de-empresa* nuestro procedimiento de quejas.

Responsabilidad Social Corporativa: http://www.tirant.net/Docs/RSCTirant.pdf

***ACCESO GRATIS** a la Lectura en la Nube*

Para visualizar el libro electrónico en la nube de lectura envíe junto a su nombre y apellidos una fotografía del código de barras situado en la contraportada del libro y otra del ticket de compra a la dirección:

ebooktirant@tirant.com

En un máximo de 72 horas laborales le enviaremos el código de acceso con sus instrucciones.

«…y sin embargo hay algo que se queda y
sin embargo hay algo que se queja…»
Jorge Luis Borges (1899-1986).

BORGES, J. L. (1985), “Son los ríos”, en *Los conjurados,* Madrid, Alianza, p. 27.

Índice

Abreviaturas

AAPP	Administraciones Públicas
AN	Audiencia Nacional
Art.	Artículo
BOE	Boletín Oficial del Estado
CCAA	Comunidades Autónomas
CENDOJ	Centro de Documentación Judicial
Cfr.	Confróntese
CDCJ	Cuenta General de Depósitos y Consignaciones Judiciales
CGPJ	Consejo General del Poder Judicial
CIDIP	Conferencia Internacional de Derecho Internacional Privado
Coord.	Coordinador
DO	Diario Oficial
Dir.	Director
Ed.	Editor
EJE	Expediente Judicial Electrónico
ET	Estatuto de los Trabajadores
ETT	Empresa de Trabajo Temporal
INSS	Instituto Nacional de la Seguridad Social
LAJ	Letrado de la Administración de Justicia
LAJG	Ley de Asistencia Jurídica Gratuita
LEC	Ley de Enjuiciamiento Civil
LECrim	Ley de Enjuiciamiento Criminal
LGSS	Ley General de Seguridad Social
LJCA	Ley de la Jurisdicción Contencioso-Administrativa
LO	Ley Orgánica

LOPJ	Ley Orgánica del Poder Judicial
LPL	Ley de Procedimiento Laboral
LPRL	Ley de Prevención de Riesgos Laborales
LRJS	Ley Reguladora de la Jurisdicción Social
LUTICAJ	Ley reguladora del uso de las tecnologías de la información y comunicación en la administración de justicia
MEYSS	Ministerio de Empleo y Seguridad Social
MTAS	Ministerio de Trabajo y Asuntos Sociales
MTSS	Ministerio de Trabajo y Seguridad Social
Op. cit.	Obra citada
p.	página
pp.	páginas
PRTR	Plan de Recuperación, Transformación y Resiliencia
RD	Real Decreto
RDL	Real Decreto Ley
TC	Tribunal Constitucional
TEDH	Tribunal Europeo de Derechos Humanos
TGSS	Tesorería General de la Seguridad Social
TIC	Tecnologías de la Información y Comunicación
TJUE	Tribunal de Justicia de la Unión Europea
TS	Tribunal Supremo
TSJ	Tribunal Superior de Justicia
SAN	Sentencia de la Audiencia Nacional
ss.	siguientes
STC	Sentencia del Tribunal Constitucional
STEDH	Sentencia del Tribunal Europeo de Derechos Humanos
STJUE	Sentencia del Tribunal de Justicia de la Unión Europea
STS	Sentencia del Tribunal Supremo

STSJ	Sentencia del Tribunal Superior de Justicia
TGSS	Tesorería General de la Seguridad Social
UE	Unión Europea
Vid.	Véase

I. Introducción

1. TUTELA JUDICIAL EFECTIVA, PROCESO SIN DILACIONES INDEBIDAS Y DIGITALIZACIÓN

1. El paso del siglo XX al XXI vino acompañado de una pluralidad de modificaciones tecnológicas que han tenido una enorme repercusión en el modo de administrar justicia[1]. Ello explica que uno de los grandes debates abiertos en la actualidad sobre los modelos procesales gire alrededor de la modernización de la justicia y de los procedimientos judiciales a efectos de incorporar tales avances. España no constituye una excepción a esta tendencia. En este sentido, ya en el año 2008 el Consejo General del Poder Judicial (en adelante, CGPJ) aprobó un Plan de Modernización de la Justicia entre cuyos ejes se encontraba, precisamente, el relacionado con la «e-justicia», esto es, la introducción de las nuevas tecnologías de la información y la comunicación en la administración de justicia para así prestar un servicio de mayor calidad y eficacia[2]. Por otra parte, en el marco del Plan de Recuperación, Transformación y Resiliencia y el instrumento de la Unión Europa *Next Generation EU*, presentado a la Comisión el 30 de abril de 2021, el Gobierno

---

[1] CORTÉS ABAD, O. (2019), "Justicia digital, abierta e innovadora: hechos y retos", en GÓMEZ MANRESA, M.ª F.; FERNÁNDEZ SALMERÓN, M. (Coords.), *Modernización digital e innovación de la administración de justicia*, Cizur Menor, Thomson-Reuters Aranzadi, p. 292.

[2] El plan se aprobó por Acuerdo del Pleno del CGPJ de 12 de noviembre de 2018 y puede consultarse en https://www.poderjudicial.es/portal/site/cgpj/menuitem.65d2c4456b6ddb628e635fc1dc432ea0/?vgnextoid=e1772cea4817f210VgnVCM1000006f48ac0aRCRD&vgnextfmt=default&vgnextlocale=es_ES, último acceso el 8 de septiembre de 2023.

adoptó el Plan Justicia 2030[3], donde se sigue prestando una especial atención a la modernización de la justicia; de hecho, hasta la disolución de las Cortes en mayo de 2023, se estaban desarrollado en su seno tres proyectos de ley, todos vinculados al hito CID 152, medida C11 R2 (reforma para el impulso del Estado de Derecho y eficiencia del servicio público de justicia), como el de eficiencia organizativa, el de eficiencia procesal y, especialmente por lo que ahora interesa, el de eficiencia digital[4]. Estos trabajos parlamentarios se han retomado con la legislatura recién comenzada e integran una buena parte del contenido del RDL 6/2023, de 19 de diciembre, *por el que se aprueban medidas urgentes para la ejecución del Plan de Recuperación, Transformación y Resiliencia en materia de servicio público de justicia, función pública y mecenazgo*, en concreto, interesa destacar las previsiones contenidas en el libro primero, ya que es el que incide en la modernización de la justicia a través de su digitalización.

2. Esta modernización de la justicia conecta con la aspiración a lograr el cumplimiento del derecho a un proceso público sin dilaciones indebidas y con todas las garantías, donde la digitalización se configuraría como un instrumento hábil, en principio, para alcanzar tales objetivos.

---

3 El contenido del plan es muy ambicioso. La información en https://www.justicia2030.es/, última consulta el 8 de septiembre de 2023.

4 Un acercamiento global a su contenido puede realizarse por medio de GARCÍA MURCIA, J. (2023), "Las leyes de eficiencia del servicio público de justicia: visión general y posible incidencia en la jurisdicción social", *Revista de Trabajo y Seguridad Social. CEF*, nº 474, pp. 55 y ss. Por otra parte, la contextualización en NUEZ RIVERA, S. (2021), "Reformas legislativas e incidencia en las leyes orgánicas y en las leyes procesales sociales. Propuestas de reforma", *Cuadernos Digitales de Formación*, nº 38, pp. 1-20. En fin, más centrados en la eficiencia procesal, *vid.* MOYA AMADOR, R. (2023), "El proyecto de ley de eficiencia procesal y las reformas previstas en el proceso laboral", *Trabajo y Derecho*, nº 102, pp. 1-30; SALINAS MOLINA, F. (2023), "Una visión general de los desafíos de la jurisdicción social: propuestas de reforma legislativa a partir de una experiencia práctica crítica", *Revista de Trabajo y Seguridad Social. CEF*, nº 474, pp. 25 y ss.

2.1. En efecto, la consecución de un proceso público sin dilaciones indebidas y con todas las garantías, como una de las piezas clave del derecho fundamental a la tutela judicial efectiva, encuentra un firme aliado en la modernización de la justicia y de los cauces procedimentales. Y en esa modernización, la «inexorable» digitalización de la justicia[5] se muestra como una vía aparentemente adecuada para alcanzar el objetivo en cuestión[6].

---

5 La expresión en MARTÍN DIZ, F. (2020), "Justicia digital post-covid19: el desafío de las soluciones extrajudiciales electrónicas de litigios y la inteligencia artificial", *Revista de Estudios Jurídicos y Criminológicos*, nº 2, p. 42.

6 Entre otros muchos, GONZÁLEZ MALABIA, S. (2016), "Las TIC en el nuevo modelo de justicia", en BARONA VILAR, S. (Coord.), *Mediación, arbitraje y jurisdicción en el actual paradigma de justicia*, Cizur Menor, Thomson Reuters Civitas, pp. 57-58; ARENAS RAMIRO, M. (2019), "La modernización de la tutela judicial efectiva y el expediente judicial electrónico", en GÓMEZ MANRESA, M.ª F.; FERNÁNDEZ SALMERÓN, M. (Coords.), *Modernización digital e innovación de la administración de justicia*, Cizur Menos, Thomson-Reuters Aranzadi, p. 244; CERDÁ MESEGUER, J. I. (2019), "Hacia una administración de justicia plenamente electrónica: disfunciones normativas y jurisprudenciales", en GÓMEZ MANRESA, M.ª F.; FERNÁNDEZ SALMERÓN, M. (Coords.), *Modernización digital e innovación de la administración de justicia*, Cizur Menor, Thomson-Reuters Aranzadi, pp. 373-374; CORTÉS ABAD, O. (2019), *op. cit.*, p. 294; PÉREZ-LUÑO ROBLEDO, E. C. (2019), "La informatización de la administración de justicia en España", en CONDE FUENTES, J.; SERRANO HOYO, G. (Dirs.), *La justicia digital en España y en la Unión Europea*, Barcelona, Atelier, pp. 52 y 56; LOZANO GAGO, M.ª L. (2020), "La aportación de pruebas en los juicios civiles telemáticos", *Práctica de los Tribunales*, nº 147, p. 2/10; BARONA VILAR, S. (2021), *Algoritmización del derecho y de la justicia. De la Inteligencia Artificial a la Smart Justice*, Valencia, Tirant lo Blanch, pp. 349-350; DELGADO MARTIN, J. (2021), "Tecnología para afrontar los efectos de la pandemia sobre la justicia", *Diario La Ley*, nº 9781, pp. 2 y ss./12; BUENO BENEDÍ, M. (2022), "Retos pendientes en el uso de la videoconferencia otras tecnologías en nuestra administración de justicia", *Práctica de los Tribunales*, nº 147, p. 2/22; MOLINA NAVARRETE, C. (2023), "¿«Nueva modernidad» para una jurisdicción social estancada?: retos en los entornos de una «sociedad digital del trabajo» y justicia «multinivel»", *Revista de Trabajo y Seguridad Social. CEF*, nº 474, p. 6.

Así, de entrada, la digitalización judicial aportaría una mayor rapidez y agilidad a los cauces procedimentales, esto es, al desarrollo del proceso[7]. Ello resulta particularmente evidente, según se tendrá ocasión de comprobar, si pensamos en la presentación de escritos y, sobre todo, en la realización de los variados actos de comunicación que tienen lugar durante el desarrollo de cualquier proceso judicial.

Asimismo, también supondría un importante ahorro económico[8], especialmente en términos de desplazamientos de las partes a la sede del órgano jurisdiccional, así como en cuanto a consumo de papel o el gasto en locales. Y es que, en el primer sentido, téngase en cuenta que la digitalización facilita la realización de determinadas actuaciones a distancia, suprimiendo las barreras territoriales y potenciando la igualdad, a fin de cuentas, como han destacado algunos expertos en la materia, en la actualidad «hay más personas en el mundo con acceso a internet que personas con acceso a la justicia»[9]; en el segundo, las nuevas tecnologías abren el paso a la sustitución de la documentación en soporte analógico por otra en un soporte distinto cuyo almacenamiento presenta unas exigencias diversas.

---

7 GONZÁLEZ MALABIA, S. (2016), *op. cit.*, p. 57; ARENAS RAMIRO, M. (2019), *op. cit.*, p. 244; CERDÁ MESEGUER, J. I. (2019), *op. cit.*, p. 374; CORTÉS ABAD, O. (2019), *op. cit.*, p. 294; TIERNO BARRIOS, S. (2019), "E-justicia y videoconferencia: especial referencia a la cooperación en materia civil", en CONDE FUENTES, J.; SERRANO HOYO, G. (Dirs.), *La justicia digital en España y en la Unión Europea*, Barcelona, Atelier, p. 122; VALERO CANALES, A. L. (2019), "Consideraciones procesales del expediente judicial electrónico", en GÓMEZ MANRESA, M.ª F.; FERNÁNDEZ SALMERÓN, M. (Coords.), *Modernización digital e innovación de la administración de justicia*, Cizur Menos, Thomson-Reuters Aranzadi, p. 344; BARONA VILAR, S. (2021), *op. cit.*, p. 350.

8 Entre otros, CERDÁ MESEGUER, J. I. (2019), *op. cit.*, p. 374; TIERNO BARRIOS, S. (2019), *op. cit.*, p. 122; VALERO CANALES, A. L. (2019), *op. cit.*, p. 344.

9 SUSSKIND, R. (2020), *Tribunales on line y la justicia del futuro*, Madrid, La Ley-Wolters Kluwer (Traducción por GEA Textos S.L. del original en inglés *Online Courts and the future of Justice* publicado en 2019), p. 47.

Igualmente, también se ha destacado que la digitalización podría favorecer la transparencia judicial, ya que debería simplificar el acceso de la ciudadanía a la justicia y posibilitar el conocimiento del estado en que se encuentra la tramitación de sus asuntos[10].

En fin, como consecuencia de todo ello, se ganaría en eficacia y eficiencia[11]; y no solo en los pleitos «tradicionales» de cariz meramente interno, sino también, de una forma muy marcada, en aquellos otros procesos de alcance transfronterizo[12], los cuales tienen una presencia cada vez mayor en el panorama judicial.

2.2. Con todo, normalmente no existen verdades absolutas y el ahorro temporal puede ponerse en entredicho, al igual que el ahorro económico, pues una digitalización adecuada requiere de importantes inversiones en tecnología y en formación y la «transición digital» inicialmente va acompañada de dificultades que ralentizan los procesos[13]. Asimismo, a ello hay que unir la inexistencia de un marco jurídico apropiado[14] y, en el caso de un estado autonómico como el nuestro, la dispersión de competencias en la materia[15], algo que provoca la existencia en nuestro país de diferentes sistemas de gestión procesal que carecen de

---

10 PÉREZ-LUÑO ROBLEDO, E. C. (2019), *op. cit.*, p. 52; CORTÉS ABAD, O. (2019), *op. cit.*, p. 294.

11 CORTÉS ABAD, O. (2019), *op. cit.*, p. 294.

12 En este sentido, por ejemplo, ARENAS RAMIRO, M. (2019), *op. cit.*, p. 246; TIERNO BARRIOS, S. (2019), *op. cit.*, p. 122.

13 Así, entre otros, CERNADA BADÍA, R. (2019), "«LexNET» o la selección natural en el foro del siglo XXI", en GÓMEZ MANRESA, M.ª F.; FERNÁNDEZ SALMERÓN, M. (Coords.), *Modernización digital e innovación de la administración de justicia*, Cizur Menor, Thomson-Reuters Aranzadi, p. 420; PÉREZ-LUÑO ROBLEDO, E. C. (2019), *op. cit.*, p. 57; VALERO CANALES, A. L. (2019), *op. cit.*, p. 345; DE LA CASA QUESADA, S. (2023), "Retos del régimen de la prueba en el proceso social y sus recursos, en especial ante la transformación digital", *Revista de Trabajo y Seguridad Social. CEF*, nº 474, p. 124.

14 Al margen de la cita específica en sede de justicia telemática, con carácter general, *vid.*, BUENO BENEDÍ, M. (2022), *op. cit.*, pp. 2 y ss./22.

15 GONZÁLEZ MALABIA, S. (2016), *op. cit.*, pp. 57 y ss.

la adecuada interoperabilidad[16]. Las anteriores no son las únicas reticencias que suscita la digitalización judicial. Así, según veremos en líneas próximas, algunos detractores de la misma han puesto sobre la mesa de debate cómo ciertas manifestaciones de esta digitalización cuestionan el respeto a determinados derechos y principios fundamentales del proceso[17].

2. LAS ACTUACIONES NORMATIVAS EN MATERIA DE DIGITALIZACIÓN DE LA JUSTICIA

3. En todo caso, con independencia de cuál sea la opinión al respecto, lo que resulta innegable es que nos encontramos inmersos en un proceso de digitalización seguramente imparable que la pandemia derivada del COVID-19 no ha hecho sino acelerar[18].

---

16 CERDÁ MESEGUER, J. I. (2019), *op. cit.*, p. 378.

17 Así lo han reseñado, sobre todo al hilo de la realización de juicios telemáticos, distintos autores como RICHARD GONZÁLEZ, M. (2020), "Elogio del juicio oral (presencial) escrito por un profesor partidario del uso de la tecnología en el sistema judicial", *Diario La Ley*, nº 9654, pp. 2/19 y 8-12/19; TUSET VARELA, D. (2020), "Proceso 2.0: video-identificación, identidad digital soberana y brecha digital", *Diario La Ley*, nº 9761, p. 2/9; VÉLEZ TORO, A. J. (2021), "La normalización de una justicia de excepción", *Diario La Ley*, 2021, nº 9779, p. 8/15.

18 Esta aceleración del proceso a resultas de la pandemia es destacada por distintos autores. Al respecto, *vid.* ABELLÁN ALBERTOS, A. (2020), "Actuaciones procesales mediante videoconferencia: cuestiones a tener en cuenta en un juicio telemático civil por un abogado", *Práctica de los Tribunales*, nº 147, pp. 2-3/23; GÓMEZ ESTEBAN, J. (2020), "Juicios telemáticos en el orden jurisdiccional social ¿utopía transformada en realidad apresurada?, *Diario La Ley*, nº 9662, p. 2/12; MAGRO SERVET, V. (2020-a), "Hacia el uso habitual de las videoconferencias en las vistas judiciales. Aprovechando las enseñanzas del Coronavirus. De la Excepción a la regla general del art. 19 RD 16/2020, de 28 de abril", *Diario La Ley.*, nº 9646, p. 2/12; TUSET VARELA, D. (2020), *op. cit.*, p. 1/9; DELGADO MARTÍN, J. (2021), *op. cit.*, pp. 1-2/13; GASCÓN INCHAUSTI, F. (2021), "¿Han

2.1. Un lento y continuo avance…

4. En efecto, con anterioridad a la misma, ya se habían ido efectuado importantes avances en la materia, bien que de una manera muy paulatina. En este sentido, cabe destacar una serie de hitos normativos muy relevantes, tanto de corte general, como específicamente en las normas de carácter procedimental cuya visión «condensada» permite apreciar la trascendente evolución experimentada a lo largo de las últimas décadas[19].

5. Por lo que respecta a las normas generales, el punto de partida debe ser la Ley Orgánica del Poder Judicial de 1985 (en adelante, LOPJ), pues ya había abierto tímidamente la puerta a la tecnología con la referencia incluida en su art. 230 al posible empleo de cualquier «*medio técnico de documentación y reproducción*», siempre que ofreciera garantías de autenticidad. A partir de ahí, el precepto experimentó una serie de reformas sucesivas que fueron ahondando en la materia.

---

venido para quedarse las vistas telemáticas?", *Anuario de la Facultad de Derecho de la Universidad Autónoma de Madrid*, nº extraordinario, p. 384; GARCÍA-VARELA IGLESIAS, R. (2021), "Camino a la inmediación digital en justicia: juicios y actos procesales remotos", *Diario La Ley*, nº 9873, p. 1/13; RAYÓN BALLESTEROS, M.ª C. (2022), "Tecnología al servicio del proceso: especial referencia a la celebración de juicios telemáticos", *Ius et Scientia*, vol 8, nº 1, p. 189.

19 La reconstrucción del proceso evolutivo puede efectuarse por medio de GONZÁLEZ MALABIA, S. (2016), *op. cit.*, pp. 57 y ss.; ARENAS RAMIRO, M. (2019), *op. cit.*, pp. 251-260; CORTÉS ABAD, O. (2019), *op. cit.*, pp. 294 y ss.; FERNÁNDEZ NIETO, L. A. (2019), "Los actos de comunicación procesal y el sistema informático de telecomunicaciones Lex Net en la jurisdicción social", *Diario La ley*, nº 9424, pp. 3 y ss./21; GARCÍA COSTA, F. M. (2019), "Perfiles constitucionales de la justicia electrónica", en GÓMEZ MANRESA, M.ª F.; FERNÁNDEZ SALMERÓN, M. (Coords.), *Modernización digital e innovación de la administración de justicia*, Cizur Menor, Thomson-Reuters Aranzadi, pp. 23 y ss.; PÉREZ GAIPO, J. (2019), "El proceso laboral ante la era digital", en CONDE FUENTES, J.; SERRANO HOYO, G. (Dirs.), *La justicia digital en España y en la Unión Europea*, Barcelona, Atelier, pp. 71 y ss.; TIERNO BARRIOS, S. (2019), *op. cit.*, pp. 115 y ss.; BARONA VILAR, S. (2021), *op. cit.*, pp. 350 y ss.

5.1. De entrada, la Ley Orgánica 16/1994, de 8 de noviembre, por la que se reforma la LOPJ, amplió la previsión, aludiendo al empleo no solo de medios «técnicos», sino «*electrónicos, informáticos y telemáticos para el ejercicio de su actividad y el desarrollo de sus funciones*», otorgando validez a los documentos emitidos por tales medios. Asimismo, se preveía la posibilidad de que el ciudadano se relacionase con la Administración de Justicia por estas vías. Todo ello ya iba acompañado de la preocupación por garantizar la autenticidad, la interoperatividad y el respeto por las normas de procedimiento. Al margen del «salto al ordenador», la modernización implicaba unos sistemas adecuados de archivo para administrar, guardar y gestionar los actos procesales escritos, a los que seguirían las bases de datos, públicas y privadas[20]. En este contexto, nacería el CENDOJ, cuyo Reglamento de funcionamiento se aprobó por Acuerdo del CGPJ el 7 de mayo de 1997 y cuya referencia se incorporaría en el art. 619 LOPJ con la reforma operada por la LO 4/2013, de 18 de junio, de reforma del Consejo General del Poder Judicial, por la que se modifica la LOPJ. El CENDOJ se define por la norma precitada como «*un órgano técnico de CGPJ, cuyas funciones son la selección, la ordenación el tratamiento, la difusión y la publicación de información jurídica legislativa, jurisprudencial y doctrinal*». Además, colabora en la implantación de las decisiones adoptadas por el CGPJ en materia de armonización de los sistemas informáticos que redunden en una mayor eficiencia de la actividad de los Juzgados y Tribunales.

5.2. En segundo lugar, la Ley Orgánica 13/2003, de 24 de octubre, de reforma de la Ley de Enjuiciamiento Criminal en materia de prisión provisional, introdujo un apartado tercero en el art. 229 LOPJ en el que aparecía un reconocimiento expreso sobre la posibilidad de recurrir a la videoconferencia para realizar declaraciones, interroga-

---

[20] GONZÁLEZ MALABIA, S. (2016), *op. cit.*, p. 58. Por otra parte, en cuanto a la relevancia de la informática jurídica documental y de gestión, *vid.*, PÉREZ-LUÑO ROBLEDO, E. C. (2019), *op. cit.*, p. 52.

torios, testimonios, careos, exploraciones, informes, ratificación de las periciales y vistas, siempre que se garantice la comunicación bidireccional y simultánea de la imagen y el sonido y la interacción visual, auditiva y verbal entre dos personas o grupos de personas geográficamente distantes, asegurando en todo caso la posibilidad de contradicción de las partes y la salvaguarda del derecho de defensa. Por otra parte, la reforma añadió un nuevo apartado al art. 306 LECrim, dotó de contenido al 325 LECrim y añadió el art. 731 bis LECrim, en orden a reconocer la posibilidad de recurrir a la videoconferencia para la realización de tales actuaciones tanto en la fase de investigación como en el juicio oral.

5.3. En tercer lugar, la Ley Orgánica 7/2015, de 21 de julio, por la que se modifica la LOPJ, incorporó un cambio significativo, ya que la utilización de los medios técnicos, electrónicos, informáticos y telemáticos para el desarrollo de la actividad dejó de ser una facultad para los tribunales y se convirtió en una verdadera obligación en la nueva redacción que introdujo en el art. 230.1 LOPJ, tal vez por aquello de tener que superar la «resistencia» al cambio o «el miedo» a lo nuevo[21], pues notoria es la tendencia entre los profesionales del Derecho a «perpetuar las actitudes y modos de operar tradicionales» según indica la doctrina[22]. Además, esta disposición ya recoge entre los límites a que queda sujeta la utilización de estos medios en el ámbito judicial el relativo al necesario respeto a la normativa sobre protección de datos.

---

21 Las expresiones en SUSSKIND, R. (2020), *op. cit.*, p. 67; FERNÁNDEZ NIETO, L. A. (2019), *op. cit.*, p. 2/21; LOZANO GAGO, M.ª L. (2020), *op. cit.*, p. 2/10; MAGRO SERVET, V. (2020-a), *op. cit.*, p. 2/12; GARCÍA SANZ, J.; GONZÁLEZ GUIMARAES DA SILVA, J. (2020), "Las vistas telemáticas en el proceso civil español: visión comparada, regulación y cuestiones prácticas que suscita su celebración", *Diario La Ley*, nº 9659, p. 8/50; DE LA CASA QUESADA, S. (2023), *op. cit.*, p. 140.

22 PÉREZ-LUÑO ROBLEDO, E. C. (2019), *op. cit.*, p. 57.

5.4. Por último, la Ley Orgánica 4/2018, de 28 de diciembre, de reforma de la LOPJ, volvió a incidir en este precepto. Así, en esta ocasión, se añadió también el deber de los ciudadanos a emplear los medios técnicos cuando así lo establecieran las normas de procedimiento, siempre que fuesen compatibles con los del órgano y respetasen las garantías del procedimiento.

6. Sin abandonar las previsiones de corte general, una especial mención merece la Ley 18/2011, de 5 de julio, sobre el uso de las tecnologías de la información y la comunicación en la Administración de Justicia (en adelante, LUTICAJ). Esta norma, equivalente de la Ley 11/2007, de 22 de junio, sobre acceso electrónico de los ciudadanos a los Servicios Públicos, se planteaba tres objetivos fundamentales de entrada, actualizar el contenido del derecho a la tutela judicial efectiva, gracias a la agilización que permite el uso de las tecnologías en las comunicaciones; en segundo lugar, generalizar el uso de éstas para los profesionales de la justicia; finalmente, definir un conjunto de requisitos mínimos exigibles de interconexión, interoperabilidad y seguridad necesarios para el desarrollo de los diferentes aplicativos utilizados por los actores del mundo judicial, a fin de garantizar la seguridad en la transmisión de los datos y cuantas otras exigencias estén contenidas en las leyes procesales.

6.1. La LUTICAJ incluía una serie de contenidos muy relevantes en el proceso de digitalización. Por un lado, la reglamentación del uso de los medios electrónicos en la Administración de Justicia, configurándolo como un derecho de los ciudadanos y un derecho/deber de los profesionales. Por otro, el régimen jurídico de la administración electrónica, en donde destaca la regulación de la sede judicial electrónica (dirección electrónica disponible para los ciudadanos a través de redes de telecomunicaciones) y las formas de identificación y verificación. En fin, también deben ponerse de relieve las previsiones relacionadas con la tramitación electrónica como el Expediente Judicial Electrónico (en adelante, EJE, entendido como el conjunto de datos, documentos, trámites y actuaciones electrónicas, así como las grabaciones audiovisuales correspondientes a un procedimiento judicial, cualquiera que sea el tipo de información que contenga y el formato), el registro electrónico de escritos, las comunicaciones y notificaciones electrónicas, así como la tramitación electrónica.

6.2. Por otra parte, esta Ley encontró su desarrollo en el RD 1065/2015, de 27 de noviembre, sobre comunicaciones electrónicas por el que se regula el sistema LexNET, que sustituyó al RD 84/2007, de 26 de enero, sobre implantación de ese sistema informático de telecomunicaciones para la presentación de escritos, traslados de copias y realización de los actos de comunicación procesal, al cual me referiré más adelante (*supra*, 13 y ss.)

7. Por último, si descendemos al terreno de las específicas normas de procedimiento, también las distintas leyes rituarias se han ido adaptando paulatinamente y a un ritmo distinto al progreso tecnológico. Asimismo, han ido desplegando influencias unas en otras. Por lo que respecta al proceso laboral, ya en la Ley de Procedimiento Laboral (en adelante, LPL) de 1990 se encontraban referencias a lo que hoy entendemos como «pruebas tecnológicas», admitiendo su art. 90 las consistentes en la reproducción de la palabra, la imagen y el sonido, algo que se mantendría en el texto de la LPL de 1995 y en la vigente Ley Reguladora de la Jurisdicción Social de 2011 (en adelante, LRJS), siempre en el mismo precepto. Las distintas reformas habidas en el tiempo sobre estos cuerpos normativos han ido repercutiendo en diversos aspectos que inciden con diverso grado en la digitalización de la justicia.

7.1. Así, la Ley 13/2009, de 3 de noviembre, con la que se implantó la nueva oficina judicial, afectó de una forma muy notoria a la documentación de las actuaciones. Al respecto, en línea con lo sucedido en el proceso civil, se procedió a modificar el art. 89 LPL (hoy, art. 89 LRJS) para sustituir el acta tradicional que confeccionaba el secretario, hoy Letrado de la Administración de Justicia (en adelante,

LAJ), por la grabación de la vista, siempre que se contase con una serie de medidas y fuese acompañado de determinadas garantías.

7.2. Por su parte, la Ley 18/2011, de 5 de julio, la LUTICAJ ya comentada, y sus normas derivadas repercutieron de manera importante en el régimen de presentación de escritos, así como en la realización de comunicaciones y notificaciones, según se tendrá ocasión de comprobar *(supra*, 13 y ss.).

7.3. En fin, de una manera indirecta, la Ley 42/2015, de 5 de octubre, al modificar la Ley de Enjuiciamiento Civil (en adelante, LEC) con el objetivo de dar una mayor relevancia a la presentación de escritos y realización de comunicaciones por medios telemáticos o electrónicos, afectó también al proceso laboral, pues no se olvide el carácter supletorio que esta norma tiene en dicho proceso de conformidad con lo establecido en la DF 4ª LRJS.

7.4. Precisamente, la LEC del año 2000 y sus reformas posteriores constituyen una pieza clave en el proceso de digitalización del proceso laboral. Y es que, siendo esta ley una norma relativamente moderna frente a su antecesora de 1881, ya pudo integrar muchos contenidos relacionados con las nuevas tecnologías, particularmente, en el terreno probatorio, donde se destinan tres preceptos al tratamiento de la «reproducción de la palabra, el sonido y la imagen y de los instrumentos que permiten archivar y conocer datos relevantes para el proceso» (arts. 382-384 LEC). Y, según se acaba de recordar, tales previsiones son de aplicación supletoria en el orden social.

2.2. ... impulsado con la crisis sanitaria

8. En este contexto normativo, la pandemia derivada del COVID-19 y la suspensión de actividades a ella ligada nos sorprendió sin la culminación de ese procedimiento digita-

lizador hasta sus últimas consecuencias[23]. Tal vez, de haberlo culminado, no hubiese sido necesaria la paralización de los plazos procesales, así como de las actuaciones judiciales —con algunas excepciones— que acompañaron a la declaración del estado de alarma[24]. La normativa de urgencia dictada en esos momentos trató de sortearlo mediante las previsiones contenidas primero en el RDL 16/2020, de 28 de abril, de medidas procesales y organizativas para hacer frente al COVID-19 en el ámbito de la Administración de Justicia, y, después, la Ley 3/2020, de 18 de septiembre, de idéntico nombre, en donde se aludía, entre otras cosas, a la realización preferente de vistas telemáticas en todos los órdenes jurisdiccionales[25].

8.1. Ese impulso a las vistas telemáticas, no obstante, se condicionaba a que los órganos judiciales contasen con los medios necesarios para ello, algo valorado como un lastre del pasado[26], pues seguramente la solución más efectiva a estos problemas no sea la de condicionar las medidas, sino la de solventar las carencias. A pesar de ello, la necesidad de dar una respuesta inmediata y la limitación de recursos permiten entender hasta cierto punto el condicionante

---

23 SAN CRISTÓBAL VILLANUEVA, J. M. (2020), "La tramitación del proceso social por medios telemáticos y sus problemas", *Trabajo y Derecho*, nº 12, p. 2/31.

24 MAGRO SERVET, V. (2020-a), *op. cit.*, p. 3/12; también en MAGRO SERVET, V. (2020-b), "¿Pueden los testigos y peritos comparecer *on line* en una vista civil?", *Práctica de los Tribunales*, nº 147, p. 2/8; SALOM LUCAS, A. (2021), "Los juicios telemáticos: ¿ficción o realidad?", *Revista El Derecho-Lefevbre*, 7 de enero de 2021, p. 3/6

25 Un acercamiento al contenido del RDL en NORES TORRES, L. E. (2020), "Pandemia y reformas procesales: la incidencia del COVID-19 en el proceso laboral, *Quaderns de Ciències Socials*, nº 44, pp. 18-37; en cuanto a la Ley, NORES TORRES, L. E. (2021), "La justicia laboral ante la COVID-19: reformas procesales en tiempos de pandemia", *Revista de Dereito do Trabalho e Seguridade Social*, nº 218, pp. 179-194.

26 PÉREA GONZÁLEZ, A. (2020), "Transparencia judicial: una mirada sobre la justicia post-COVID-19", *Diario La Ley*, nº 9631, p. 2/6.

mencionado[27]. Por otra parte, también fue criticada la falta de una mayor coerción sobre el personal de la Administración de Justicia, de forma que la negativa injustificada a su utilización hiciese aparecer el mecanismo de la nulidad del art. 238 LOPJ y la responsabilidad disciplinaria, a efectos de lograr una mayor implantación. A mi juicio, sin embargo, no parece que la vía coercitiva sea la más apropiada para lograr la implementación de los avances tecnológicos, pues lo que exigen es un cambio de mentalidad y un convencimiento de su trascendencia y utilidad. Por el contrario, y un poco en esa línea, una mejor valoración creo que merecen las propuestas consistentes en el establecimiento de refuerzos positivos, en términos de compensaciones vía complementos de productividad y del auxilio de personal especializado[28], así como, sobre todo, el empuje formativo[29].

8.2. Por lo demás, la última norma mencionada esto es, la Ley 3/2020, de 18 de septiembre, en su Disposición Final 12ª, preveía que en un plazo de nueve meses se remitiría al gobierno un proyecto de ley sobre la realización de actuaciones procesales telemáticas. El compromiso se pudo entender satisfecho, eso sí, tardíamente, con las previsiones contenidas en los proyectos de Ley de Eficiencia Procesal y Eficiencia Digital a los que se hará referencia de inmediato, pues afrontaban tales cuestiones.

2.3. ¿Y ahora qué?

9. Así las cosas, en este contexto, el importante avance producido en 2020, tras años de parón, no se cerró con la mejora de la situación sanitaria. En este sentido, según

---

27 En este sentido, SAN CRISTÓBAL VILLANUEVA, J. M. (2020), *op. cit.*, p. 4-5/31.

28 ABELLÁN ALBERTOS, A (2020), *op. cit.*, p. 5/23.

29 Así, por ejemplo, PÉREZ-LUÑO ROBLEDO, E. C. (2019), *op. cit.*, p. 57; ABELLÁN ALBERTOS, A. (2020), *op. cit.*, p. 2-3/23; DELGADO MARTÍN, J. (2021), *op. cit.*, pp. 2-3/13.

he indicado al principio de este trabajo, antes de la disolución de las Cortes en mayo de 2023, estaban en marcha tres importantes proyectos normativos llamados a proporcionar un nuevo impulso a esta materia el Proyecto de Ley de Eficiencia Organizativa, el Proyecto de Ley de Eficiencia Procesal y el Proyecto de Ley de Eficiencia Digital[30].

9.1. El primero de los proyectos mencionados era el de eficiencia organizativa del servicio público de Justicia, por el que se modificaba la LOPJ y se instauraban los Tribunales de Instancia, así como las Oficinas de Justicia en los municipios. Los Tribunales de Instancia se configuraban en el proyecto como órganos colegiados desde un punto de vista organizativo y su existencia se preveía en cada partido judicial, bien con una sección única —civil e instrucción— bien con estas secciones separadas. Asimismo, la nueva redacción que sugería del art. 84 LOPJ implicaba que se pudiesen crear otras secciones especializadas, (familia, mercantil, violencia sobre la mujer, enjuiciamiento penal, menores, vigilancia penitenciaria, contencioso-administrativo y social), si bien la lectura del art. 94 LOPJ en la propuesta apuntaba hacia que la instauración de la sección social resultaba forzosa, al menos una en la capital de provincia.

9.2. El segundo de los proyectos en marcha era el de eficiencia procesal, el cual presentaba tres ejes de actuación fundamentales[31]. Por un lado, de entrada, estaba el im-

---

30 Los dos primeros aparecen publicados en el BOCG de 22 de abril de 2022; el tercero en el BOCG de 22 de septiembre de 2022.

31 Al respecto, DE LAMO RUBIO, J. (2021), "La conciliación intraprocesal social en el Anteproyecto de Ley de Eficiencia Procesal", *Diario La Ley*, nº 9767, 15 pp. 2-3/15; ESCOURIDO PÉREZ-SINDÍN, J. M. (2021), "El Anteproyecto de Ley de Medidas de Eficiencia Procesal del Servicio Público de Justicia: reforma de la Ley de Enjuiciamiento Civil y su impacto en la Ley Reguladora de la Jurisdicción Social", *Cuadernos Digitales de Formación*, nº 38, pp. 1 y ss./15; LAFUENTE SEVILLA, R. (2021), "El papel del letrado de la Administración de Justicia en el proceso social: puntos críticos y propuestas de reforma", *Cuadernos Digitales de Formación*, nº 38, 2 y ss./13; GARCÍA MURCIA, J. (2023), *op. cit.*, pp. 68 y ss.; MOYA AMADOR, R. (2023), *op.*

pulso a los procedimientos extrajudiciales de solución de conflictos, rebautizados en algún momento como medios adecuados o alternativos de solución de controversias. Por otro, cabe mencionar la agilización de los procedimientos judiciales, mediante una pluralidad de reformas en los distintos textos procesales, entre ellos, la LRSJ, en cuyo seno, de manera especial, destacaba la introducción del procedimiento testigo y el régimen de la extensión de efectos de la sentencia en sede ejecutiva, la modificación del instituto de la acumulación y del proceso monitorio, así como la separación temporal entre la conciliación intraprocesal y el acto de juicio[32]. Por último, el relacionado con la transformación digital, con el objetivo de evitar desplazamientos innecesarios a las sedes judiciales, lo que permitirá una tramitación más ágil, y adaptarse a la legislación europea, en especial, en lo relativo a los sistemas de identificación y autentificación, generalizando el posible recurso a las videoconferencias.

9.3. Finalmente, el tercer proyecto de ley en marcha al que debe aludirse era el de eficiencia digital, cuya aprobación también suponía la introducción de distintas modificaciones en la LRJS, y que presentaba como objetivo fundamental adaptar la realidad judicial española del siglo XXI al marco tecnológico contemporáneo, favoreciendo una relación digital entre los ciudadanos y los órganos jurisdiccionales y aprovechando las ventajas de la tecnología para fortalecer el Estado social y democrático de Derecho mediante la disposición de las medidas orientadas a la transpa-

---

cit., pp. 3 y ss./30. Asimismo, resulta de gran interés el trabajo de MARTÍNEZ MOYA, J. (2021), "La posición del Consejo General del Poder Judicial ante las reformas normativas que afectan al orden jurisdiccional social", *Cuadernos Digitales de Formación*, nº 38, 71 pp., por cuanto, como indica su título, recoge la posición del CGPJ en la reforma.

32 Al respecto, *vid.* ESCOURIDO PÉREZ-SINDÍN, J. M. (2021), *op. cit.*, pp. 5 y ss.; LAFUENTE SEVILLA, R. (2021), *op. cit.*, pp. 3-4; MARTÍNEZ MOYA, J. (2021), *op. cit.*, pp. 5 y ss.; GARCÍA MURCIA, J. (2023), *op. cit.*, pp. 76 y ss.; MOYA AMADOR, R. (2023), *op. cit.*, pp. 5 y ss.

rencia, eficiencia y la rendición de cuentas de los poderes públicos.

10. Sin embargo, la disolución de las Cortes en mayo de 2023 y la convocatoria anticipada de elecciones dejaron estos proyectos sin culminar y abrieron un período de incertidumbre al respecto.

10.1. La constitución del nuevo gobierno y la reanudación de la actividad normativa han traído consigo la aprobación del ya mencionado RDL 6/2023, de 19 de diciembre, el cual está llamado a representar un espaldarazo definitivo a la consecución de la justicia digital con lo que ello implica. Y es que el aprovechamiento tecnológico debería redundar en una sustancial mejora de la justicia en términos de celeridad, eficacia y eficiencia[33]. En todo caso, en realidad, el contenido del RDL es «variado» y no se detienen en la materia procesal.

10.2. En efecto, téngase en cuenta que el RDL se estructura en cuatro libros, de los cuales tan solo el primero se destina a regular las «Medidas de Eficiencia Digital y Procesal del Servicio Público de Justicia», pero los tres restantes nada tienen que ver con la misma. Así, el libro segundo contempla medidas legislativas urgentes en materia de empleo público; el libro tercero afronta la reforma de la Ley Reguladora de las Bases del Régimen Local; por último, el libro cuarto aborda la modificación de la ley sobre régimen fiscal de las entidades sin fines lucrativos y de los incentivos fiscales al mecenazgo.

11. Así pues, tan solo el libro primero repercute de forma clara en el terreno procesal y supone una suerte de «fusión» de los proyectos de ley de Eficiencia Procesal y de Eficiencia Digital que antes he mencionado, si bien aspectos notables de los mismos se han quedado por el camino, especialmente, en el caso de los presentes en el primero de los proyectos indicados. Así ha sucedido, claramente

---

33 GÓMEZ ESTEBAN, J. (2020), *op. cit.*, p.2/12.

con todo lo relacionado con el impulso a los «medios adecuados para la solución de controversias» (MASC), pero también con modificaciones sustanciales en el terreno de la ejecución civil, aplicable supletoriamente en la social; o, por ejemplo, ya en el terreno estrictamente laboral, las propuestas relacionadas con la ruptura parcial de la audiencia única y la separación de la conciliación procesal de la vista. Otros contenidos, como la reforma de la casación, ya vieron la luz con la reforma operada por el RDL 5/2023, de 28 de junio, por el que se adoptan y prorrogan determinadas medidas de respuesta a las consecuencias económicas y sociales de la Guerra de Ucrania, de apoyo a la reconstrucción de la isla de La Palma y a otras situaciones de vulnerabilidad; de transposición de Directivas de la Unión Europea en materia de modificaciones estructurales de sociedades mercantiles y conciliación de la vida laboral y familiar y la vida profesional de los progenitores y los cuidadores; y de ejecución y cumplimiento del Derecho de la Unión Europa. En este sentido, en el terreno del proceso laboral, recuérdese la reforma del art. 225 LRJS y la incorporación de un nuevo art. 225 bis[34]. Por el contrario, cuestiones tan relevantes relacionadas con la agilización y

---

[34] El objetivo de estas reformas, que se cuelan de manera un tanto sorprendente en esta disposición de contenido tan «heterogéneo», era agilizar el trámite de admisión, así como responder a los fenómenos de litigación en masa. En el primer sentido, la reforma del art. 225.3 LRJS determina que cuando el magistrado ponente considere que concurre las causas de inadmisión relativas al incumplimiento manifiesto e insubsanable de los requisitos procesales de preparación, la carencia sobrevenida de objeto o la falta de contradicción, pase directamente a solicitar el informe del ministerio fiscal, sin dar audiencia al recurrente, algo que solo se mantiene cuando la inadmisión gire sobre la falta de contenido casacional o haberse desestimado en el fondo otros recursos sustancialmente iguales. En cuanto a las soluciones frente a los fenómenos de litigación en masa, el art. 225.bis LRJS trata de responder a los problemas derivados de la presentación de un gran número de recursos en los que se suscita una cuestión jurídica sustancialmente idéntica. Así, en tales situaciones, el precepto permite admitir uno o varios de los recursos y suspender el trámite de admisión en los restantes a expensas de la suerte que corra el primero.

descongestión de la justicia, como la reforma de la acumulación, la del proceso monitorio, la introducción del pleito testigo, la extensión de efectos de sentencias firmes o, por lo que ahora interesa, el impulso a la digitalización, han visto ahora la luz.

11.1. Si nos centramos en este último aspecto, el RDL 6/2023, de 19 de diciembre, aborda cuestiones tales como los derechos y deberes digitales en el ámbito de la Administración de Justicia, el acceso digital a la misma, la tramitación electrónica de los procedimientos, los actos y servicios no presenciales, los registros de la Administración de Justicia y los archivos electrónicos o la cooperación entre las administraciones con competencias en materia de Administración de Justicia. Todo este conjunto de previsiones presenta un carácter transversal, común a todos los órdenes jurisdiccionales, incluido el social. Al margen de lo anterior, el título VIII introduce previsiones «específicas» por órdenes jurisdiccionales, modificando las respectivas leyes de procedimiento, entre ellas, la LRJS y la LEC.

11.2. La reforma introducida con esta norma debería favorecer, de entrada, la «itineración» de los expedientes electrónicos y la transmisión de documentos electrónicos entre cualesquiera órganos judiciales o fiscales. Asimismo, uno de sus efectos debería ser la interoperabilidad de datos entre cualesquiera órganos judiciales o fiscales. Igualmente, la norma persigue el acceso a los servicios, procedimientos e informaciones de la Administración de Justicia que afecten a la ciudadanía. En fin, la identificación y firma de los intervinientes en las actuaciones y servicios no presenciales, se encuentra también entre sus objetivos. Todo ello debería facilitar que se solventase una parte relevante de los problemas que han venido aquejando el proceso de digitalización de nuestra administración de justicia.

II. Algunas manifestaciones clave de la digitalización de la justicia

12. La evolución normativa apuntada en líneas anteriores (*supra,* 4 y ss.) permite identificar un conjunto de aspectos relevantes del proceso en los que ha incidido la digitalización de la justicia de una manera singular.

12.1. Al respecto, la doctrina científica ha destacado cuatro grandes sectores de interés[35] de entrada, la informática jurídica procesal documental, que se centraría en la informatización de archivos judiciales e interconexión de bases de datos y sistemas operativos; en segundo lugar, la informática jurídica procesal de gestión, relativa a la informatización de los trámites y procedimientos, así como a la adaptación de la oficina judicial; en tercer lugar, la informática jurídico decisional, relacionada con la elaboración de sistemas expertos que actúen como herramientas de apoyo a la decisión judicial; por último, el desarrollo de la ciberciudadanía, vinculada a la comunicación de los ciudadanos y los operadores jurídicos.

12.2. A efectos expositivos, a mi juicio, estos núcleos de interés se pueden concretar en la presentación de escritos y la realización de comunicaciones vía electrónica, la implantación del EJE, la documentación de las actuaciones en soporte videográfico, la realización de ciertos actos procesales de manera telemática, incluidas las vistas, las deliberaciones de los órganos colegiados o las subastas judiciales, así como la incorporación de las actuaciones automatizadas, proactivas y asistidas, lo que enlaza con la incorporación de

---

35 PÉREZ-LUÑO ROBLEDO, E. C. (2019), *op. cit.*, p. 55; en una línea parecida, PÉREZ GAIPO, J. (2019), *op. cit.*, p. 73.

la inteligencia artificial a la actividad judicial[36]. La mayor parte de estas cuestiones cuenta con una regulación de corte general, común para todos los órdenes jurisdiccionales y, en ocasiones, con una regulación específica en el terreno del proceso laboral. Ello conduce a que, en aquellos aspectos en los que no existe un tratamiento laboral específico, se apliquen las previsiones contenidas en la normativa común o de alcance general en el ámbito del proceso social, lo que provoca, con frecuencia, una serie de distorsiones o desajustes, pues tales previsiones no suelen tener en cuenta las singularidades de este procedimiento[37].

1. LA PRESENTACIÓN DE ESCRITOS Y LA REALIZACIÓN DE COMUNICACIONES VÍA ELECTRÓNICA

13. Una primera pieza a resaltar es la relativa a la presentación de escritos y la realización de actos de comunicación por vía telemática, dado que la incorporación de sistemas que permiten llevar a cabo tales actuaciones en dicha forma, en principio, debería coadyuvar a la agilización de los trámites procesales y al abaratamiento de los costes que su realización supone para la Administración de Justicia, aunque no siempre sea así por el esfuerzo que, en ocasiones, la utilización del propio sistema genera[38] y la inversión que su instauración requiere. Y es que, como ha destacado la doctrina, la implantación de estos sistemas exige la dotación de medios materiales y personales, incluyendo la debida capacitación de los funcionarios actuantes y de los

---

36 He tenido la ocasión de efectuar un primer acercamiento a la materia en NORES TORRES, L. E. (2023), "El proceso de digitalización en la jurisdicción social: algunos avances y perspectivas", *Lex Social. Revista de los derechos sociales*, vol. 13, nº 2, pp. 1-30.

37 Así, por ejemplo, DE LAMO RUBIO, J. (2018-a), "El proceso social digital y el principio de subsanación", *Diario La Ley*, nº 9112, p. 2/8; PÉREZ GAIPO, J. (2019), *op. cit.*, p. 72.

38 VÉLEZ TORO, A. J. (2021), *op. cit.*, p. 4/15.

usuarios[39]. Una «herramienta decisiva» en el desarrollo de este proceso ha sido la instauración del sistema LexNET[40].

14. El origen de LexNET está vinculado a la previsión contenida en el art. 230 LOPJ. Éste, desde la reforma introducida por la Ley 16/1994, de 8 de noviembre, recogía la posibilidad de que los ciudadanos se pudiesen relacionar con la Administración de Justicia por medios electrónicos, informáticos y telemáticos. Pues bien, con apoyo en la DA 1ª LOPJ, se dictó el RD 84/2007, de 26 de enero sobre implantación en la Administración de Justicia del sistema informático de telecomunicaciones LexNET para la presentación de escritos y documentos, el traslado de copias y la realización de actos de comunicación procesal por medios telemáticos[41]. Esta regulación sería posteriormente derogada y sustituida por el RD 1065/2015, de 27 de noviembre, actualmente en vigor, sobre comunicaciones electrónicas en la Administración de Justicia en el ámbito territorial del Ministerio de Justicia y por el que se regula el sistema LexNET[42].

---

39 CERNADA BADÍA, R. (2019), *op. cit.*, p. 420.

40 La expresión en FERNÁNDEZ NIETO, L. A. (2019), *op. cit.*, p. 8/21.

41 El análisis sobre estos primeros momentos de la instauración del sistema, así como de las dificultades interpretativas que suscitaba esta primera regulación pueden analizarse por medio de DE HOYOS, M. (2008), "Hacia un proceso civil más eficiente: Comunicaciones telemáticas. El sistema LEXNET", en CARPI, F.; ORTELLS RAMOS, M. (Eds.), *Oralidad y escritura en un proceso civil eficiente, Vol. II. Comunicaciones*, Valencia, Universitat de València, pp. 93 y ss.; MARTÍN PASTOR, J. (2008-a), "Un paso importante hacia el proceso telemático en España: el sistema informático de telecomunicaciones LexNET para la presentación de escritos y documentos, el traslado de copias y la realización de actos de comunicación procesal por medios telemáticos", en CARPI, F.; ORTELLS RAMOS, M. (Eds.), *Oralidad y escritura en un proceso civil eficiente, Vol. II. Comunicaciones*, Valencia, Universitat de València, pp. 129 y ss.

42 La historia de su implantación puede reconstruirse por medio de CERNADA BADÍA, R. (2019), *op. cit.*, pp. 402-404. Por otro lado, la referencia al Ministerio de Justicia, en realidad, debe entenderse efectuada al Ministerio de la Presidencia, Justicia y Relaciones con las Cortes

14.1. El art. 12.1 RD 1065/2015, de 27 de noviembre, define este sistema como un medio de transmisión seguro de información que mediante el uso de técnicas criptográficas garantiza la presentación de escritos y documentos y la recepción de actos de comunicación, sus fechas de emisión, puesta a disposición y recepción o acceso al contenido de los mismos. Por otra parte, el sistema asegura el contenido íntegro de las comunicaciones y la identificación del remitente y destinatario de las mismas mediante técnicas de autentificación adecuadas, de conformidad con la normativa rectora de tales cuestiones[43].

14.2. Al respecto, conviene tener presente que la utilización de los canales electrónicos de comunicación con la Administración de Justicia resulta potestativa para los ciudadanos que no estén asistidos o representados por profesionales de la justicia, pudiendo elegir tales personas en todo momento la manera de comunicarse o la forma de recibir comunicaciones y notificaciones.

Por el contrario, hay una serie de sujetos para quienes la utilización activa y pasiva de estos medios presenta un carácter obligatorio. Así sucede con las personas jurídicas, las entidades sin personalidad jurídica, quienes ejerzan una actividad profesional para la que se requiera colegiación obligatoria para los trámites que realicen con la Administración de Justicia en ejercicio de dicha actividad profesional, los Notarios y Registradores, quienes representen a un interesado que esté obligado a relacionarse electrónicamente con la Administración de Justicia o los funcionarios de las Administraciones Públicas para los trámites y actuaciones que realicen por razón de su cargo. Así se deducía de las previsiones contenidas en los arts. 4 a 8 LUTICAJ, hoy recogidas en los arts. 5 y ss. del RDL 6/2023, de 19 de diciembre, así como del art. 4 RD 1065/2015, de 27 de noviembre.

---

[43] Ley 59/2003, de 19 de diciembre, de firma electrónica y Reglamento (UE) 910/2014, de 23 de julio de 2014.

Por otra parte, el art 5 del mencionado RD 1065/2015, de 27 de noviembre, impone sobre Abogados, Procuradores, Graduados Sociales, Abogados del Estado, Letrados de las Cortes Generales, de las Asambleas Legislativas y del Servicio Jurídico de la Administración de la Seguridad Social, de las demás Administraciones Públicas, de las Comunidades Autónomas o de los Entes locales, así como sobre los Colegios de Procuradores y de administradores concursales, la obligación de utilizar los sistemas electrónicos existentes en la Administración de Justicia para la presentación de escritos y documentos, así como para la recepción de los actos de comunicación, una obligación que también pesa sobre todos los integrantes de los órganos y oficinas judiciales y fiscales[44].

14.3. Los sujetos apenas mencionados pueden o deben, según los casos, recurrir al sistema de comunicación electrónica reseñado para la realización de una pluralidad de actuaciones procesales, pues las funcionalidades que aquél presenta son muy variadas. En este sentido, según se desprende del contenido del art. 14 RD 1065/2015, de 27 de noviembre, de entrada, estaría la presentación y transporte de los escritos procesales, así como de los documentos que con los mismos se acompañen; en segundo lugar, se encuentra la gestión del traslado de copias; en tercer lugar, debe mencionarse la realización de actos de comunicación; en cuarto lugar, cabe mencionar la expedición de resguardos electrónicos acreditativos de la correcta realización de la presentación de escritos y documentos y la recepción de actos de comunicación; por último, también permiten tener la constancia en asiento de cada una de las transacciones electrónicas anteriores[45].

---

44 Con mayor detalle, sobre esta cuestión puede consultarse el trabajo de CERNADA BADÍA, R. (2019), *op. cit.*, pp. 406 y ss.; asimismo, centrado en el terreno laboral, cabe citar el de PÉREZ GAIPO, J. (2019), *op. cit.*, pp. 74 y ss.

45 El análisis de estas cuestiones generales puede efectuarse a través de la obra de CERNADA BADÍA, R. (2019), *op. cit.*, pp. 404-405; asimis-

14.4. La aplicación de este conjunto de previsiones en el proceso laboral resulta evidente, pues presentan un marcado alcance general para todos los órdenes jurisdiccionales. Ahora bien, el hecho de que en este específico ámbito de las relaciones jurídicas las principales dificultades aplicativas hayan surgido al hilo de dos cuestiones como son, por un lado, la presentación de escritos y, por otro, la realización de comunicaciones y notificaciones, aconseja centrar la atención en el tratamiento de tales aspectos.

En todo caso, antes de descender a su análisis, me parece oportuno precisar que el sistema LexNET es el sistema de comunicaciones electrónico que opera en el ámbito territorial correspondiente al Ministerio de la Presidencia, Justicia y Relaciones con las Cortes[46] y en gran parte de las CC.AA. con competencias transferidas[47], pero no en todas, pues algunas cuentan con un sistema de comunicaciones diverso. Así sucede en el caso de las comunidades autónomas de Aragón (Avantius), Cantabria (Vereda), País Vasco (JustiziaSip), Cataluña (JustíciaCat) y Navarra (Avantius)[48].

La variedad en los «sistemas de gestión procesal», es decir, las aplicaciones que se emplean para la tramitación y gestión de los procedimientos judiciales y como bases de datos para la consulta[49], es algo superior aún, pues conviven hasta diez sistemas distintos Adriano (Andalucía), Atalante (Canarias), Cicerone (Comunidad Valenciana), Justi-

---

mo, puede consultarse FERNÁNDEZ NIETO, L. A. (2019), *op. cit.*, pp. 4 y ss./21.

46 Estas CC.AA. que «pertenecen» al territorio ministerial son las de Castilla-León, Castilla La Mancha, Extremadura, Murcia e Islas Baleares, así como las ciudades autónomas de Ceuta y Melilla.

47 Las CC.AA. con competencias transferidas en las que opera LexNET son las de Andalucía, Asturias, Canarias, Comunidad Valenciana, Galicia, Madrid y La Rioja.

48 El mapa de comunicaciones está disponible en https://lexnetjusticia.gob.es/mapacomunicaciones, última consulta 8 de septiembre de 2023.

49 Las diferencias entre los sistemas de comunicación procesal y los de gestión procesal, así como su articulación, en FERNÁNDEZ NIETO, L. A. (2019), *op. cit.*, p. 6/21.

zia.eus (País Vasco), Libra (Madrid), Themis II/e.justicia.cat (Cataluña), Avantius (Navarra), Vereda (Cantabria), Minerva (resto de comunidades autónomas) y Fortuny (Ministerio Fiscal)[50]. En todo caso, esta dispersión no afecta a las cuestiones jurídicas que se van a abordar, pues la problemática jurídica de fondo es común en todos los casos.

1.1. La presentación de escritos y documentos

15. Por lo que respecta a la presentación de escritos y documentos, el punto de partida en el ámbito laboral debe ser el art. 44 LRJS, ya que regula el lugar de presentación de los mismos. Este precepto originariamente indicaba que las partes debían presentar todos los escritos y documentos en el registro de la oficina judicial adscrita a los juzgados y salas. No obstante, el apartado segundo permitía la utilización de medios técnicos, con plenos efectos procesales, si las oficinas y las partes contasen con tales medios para el envío y recepción de aquellos, siempre que, por un lado, estuviese garantizada la autenticidad de la comunicación y, por otro, quedase constancia de la remisión y la recepción íntegras, así como de la fecha en que se presenten.

16. La aprobación de las normas a las que anteriormente me he referido, sobre el uso de las tecnologías de la in formación y comunicación por la Administración de Justicia y la instauración del sistema LexNET, llevó a modificar el modo en que se llevaban a cabo estas actuaciones. Y es que, como ya he señalado, el uso de la plataforma resultaba obligatoria para la administración y para los profesionales, no así para los ciudadanos particulares quienes tenían el derecho de emplearlos, pero no la obligación, según se derivaba del art. 4 LUTICAJ y del RD 1065/2015, de 27 de noviembre. Así pues, la interposición de la demanda, al

---

50 Los datos aparecen en https://www.poderjudicial.es/cgpj/es/Temas/e-Justicia/Servicios-informaticos/Ministerio-de-Justicia-y-CCAA/, última consulta 8 de septiembre de 2023.

igual que la presentación de cualquier otro escrito ulterior y la documentación anexa, debía realizarse a través de este medio cuando lo efectuase un profesional como puede ser un abogado, un procurador o, en el caso del proceso laboral, un graduado social colegiado[51].

16.1. Ahora bien, precisamente, sucede que en dicha jurisdicción (esto es, la social) las partes pueden litigar en la instancia por sí mismas, sin necesidad de representación, ni asistencia técnica, según se deriva de los arts. 18 y 21 LRJS. En tales casos, tratándose de personas físicas que no hayan conferido a nadie su representación ni defensa, la presentación de escritos y documentos podría efectuarse por la vía tradicional y en soporte papel. Estos documentos así presentados luego se incorporarían al expediente judicial también en formato digital por el personal al servicio del órgano actuante, previa realización de las operaciones conversoras oportunas, lo que provocaría una cierta duplicidad, al margen de ser ineficiente, caro y contrario a los objetivos perseguidos por la norma[52]. Esa posibilidad de presentación directa por las personas físicas ha llevado a que, en la práctica, con frecuencia sea la propia persona trabajadora quien presenta en nombre propio el escrito redactado por los sujetos encargados de su defensa, así como la documentación adjunta, con lo cual el objetivo inicial de que en los casos en que intervengan los «profesionales» la utilización de los medios tecnológicos resulte obligatoria se ve frustrado. La pandemia provocó que «aflorasen» muchas de estas prácticas[53].

---

[51] Algunos de los problemas que suscitó su implantación pueden reconstruirse por medio de SAN CRISTÓBAL VILLANUEVA, J. M. (2020), *op. cit.*, pp. 7 y ss./31.

[52] PÉREZ GAIPO, J. (2019), *op. cit.*, p. 81; MOLINS GARCÍA-ATANCE, J. (2021), "La prueba en el proceso social y en los recursos: propuestas de reforma", *Cuadernos Digitales de Formación*, nº 38, p. 5; En esta línea, con alusión al EJE, DE LA CASA QUESADA, S. (2023), *op. cit.*, p. 124.

[53] La expresión entrecomillada en SAN CRISTÓBAL VILLANUEVA, J. M. (2020), *op. cit.*, p. 6/31.

16.2. Por otro lado, cuando resultaba obligada la utilización del sistema, los escritos y documentos se presentaban digitalizados, es decir, en versión electrónica, salvo aquellos que no fuese posible[54]. Pues bien, con independencia de lo anterior, hay quien entendió que esa necesidad de presentación digitalizada podía retrasar el procedimiento y alertó sobre el riesgo de que se generase indefensión si no se concedía el tiempo necesario para su consulta, así como los medios necesarios[55]. Ello afectaría, fundamentalmente, a la práctica probatoria.

Al respecto, téngase en cuenta que en el proceso laboral las pruebas se proponen y practican el día de la vista oral, sin que resulte necesario aportarlas con antelación, salvo en el caso excepcional previsto en el art. 82.4 LRJS, de conformidad con el cual, de oficio o a instancia de parte, podrá requerirse el previo traslado entre las partes o la aportación anticipada, en soporte preferiblemente informático, con cinco días de antelación al acto de juicio, de la prueba documental o pericial que, por su volumen o complejidad, sea conveniente posibilitar su examen previo al momento de la práctica de la prueba. Pues bien, si nos olvidamos por ahora de este supuesto excepcional y nos situamos en la práctica «ordinaria», la presentación de los documentos el día del juicio, en el caso de ser en papel, exigirá su digitalización ulterior; y si vienen digitalizados, requerirá que se facilite el modo para que la otra parte pueda tener acceso a los mismos, analizarlos y, en su caso, impugnarlos, algo para lo que no están preparadas todas las salas. Y, al margen de ello, qué duda cabe que esta actuación presenta unos

---

54 Al respecto, vid. CERDÁ MESEGUER, J. I. (2019), *op. cit.*, pp. 380-381.

55 DE LAMO RUBIO, J. (2018-b), "La prueba documental en el proceso digital y la necesidad de un nuevo modelo de procedimiento social", *Diario La Ley*, nº 9131, p. 5/11; PÉREZ GAIPO, J. (2019), *op. cit.*, p. 81; GÓMEZ ESTEBAN, J. (2020), *op. cit.*, p. 7/12; SAN CRISTÓBAL VILLANUEVA, J. M. (2020), *op. cit.*, p. 18/31; DE LAMO RUBIO, J. (2021), "La conciliación intraprocesal social en el Anteproyecto de Ley de Eficiencia Procesal", *Diario La Ley*, nº 9767, p. 12/15; MOLINS GARCÍA-ATANCE, J. (2021), *op. cit.*, pp. 5 y ss.

aspectos negativos en términos de respeto a la celeridad, la contradicción y la igualdad. Por ello, no es de extrañar que se hayan propugnado diferentes alternativas al sistema vigente[56].

En efecto, de entrada, cabría pensar en que la presentación de la demanda ya debiese ir acompañada de los documentos e informes periciales que quieran hacerse valer el día del juicio, algo que, en aras de la igualdad, debería acompañarse de la instauración de una contestación escrita a la demanda con idénticos requerimientos[57]. Y, en ambos casos, haciendo uso de la presentación telemática y digitalización de los documentos. La propuesta ha sido muy contestada sobre la base de una eventual quiebra de los principios que alumbran el procedimiento laboral[58], especialmente en el caso de acciones sujetas a plazos de caducidad breves, donde exigir al demandante la aportación de toda la documentación al tiempo de presentar la demanda le situaría en un escenario complejo de cumplir y de resultado incierto ante la premura con la que debería «preparar» el juicio[59]. Ello explica que se hayan formulado otro tipo de soluciones menos incisivas. Así, en segundo lugar, se ha apuntado como alternativa la conveniencia de que tras la presentación electrónica de los documentos el propio día del juicio, se decrete la suspensión del mismo para proceder a su consulta y a un nuevo señalamiento, algo que, a mi juicio, genera un mayor choque con los principios de concentración y celeridad que la propuesta ante-

---

56 DE LAMO RUBIO, J. (2018-b), *op. cit.*, pp. 5-8/11; TORRÓ ENGUIX, J. (2018), "Aspectos críticos del proceso laboral y el expediente judicial electrónico", *Revista Derecho Social y Empresa*, nº 9, pp. 22 y ss.; PÉREZ GAIPO, J. (2019), *op. cit.*, pp. 81 y ss.; MOLINS GARCÍA-ATANCE, J. (2021), *op. cit.*, pp. 5 y ss.; DE LA CASA QUESADA, S. (2023), *op. cit.*, p. 138.

57 DE LAMO RUBIO, J. (2018-b), *op. cit.*, p. 8/11; TORRÓ ENGUIX, J. (2018), *op. cit.*, p. 24/25

58 PÉREZ GAIPO, J. (2019), *op. cit.*, p. 81; MOLINS GARCÍA-ATANCE, J. (2021), *op. cit.*, p. 6.

59 MOLINS GARCÍA-ATANCE, J. (2021), *op. cit.*, p. 6.

rior[60]. En fin, en tercer lugar, no faltan soluciones que se mueven en una línea más conservadora y propugnan bien dotar a las salas de vista de los equipos informáticos necesarios, bien generalizar las previsiones del art. 82.4 LRJS a cualquier tipo de prueba documental o pericial[61].

Así las cosas, pese a las dudas que genera, yo me alinearía con quienes defienden el establecimiento de una contestación escrita a la demanda[62], pues considero que su introducción por vía normativa sería conveniente porque los beneficios que reporta son superiores a las contrapartidas que eventualmente pudiera generar en términos de una hipotética vulneración de los principios de oralidad y concentración. En este sentido, no puede olvidarse que la vigencia de los principios señalados no exige que todas las actuaciones respondan en forma pura a ellos, sino un predominio; y ese predominio seguiría estando presente en la celebración de la vista, la cual mantendría su carácter concentrado y oral. Igualmente, también se podría defender la contestación escrita sobre la base de que el proceso laboral tiene sus orígenes en el proceso verbal civil y éste ya ha evolucionado por estos derroteros[63]. Asimismo, si recurrimos a los orígenes del proceso laboral, no cabe duda de que la oralidad en la contestación a la demanda tenía pleno sentido en los inicios del siglo XX, pues dotaba al proceso de mayor rapidez y simplicidad, algo muy importante en dicho

---

60 PÉREZ GAIPO, J. (2019), *op. cit.*, p. 81.

61 PÉREZ GAIPO, J. (2019), *op. cit.*, p. 82; MOLINS GARCÍA-ATANCE, J. (2021), *op. cit.*, pp. 7-8.

62 Entre otros, GARCÍA BECEDAS, G. (2001), "Los principios informadores del proceso laboral", en ALONSO OLEA, M. *et altri*, *El proceso laboral. Estudios en homenaje al profesor Luis Enrique de la Villa Gil*, Valladolid, Lex Nova, p. 207; AGUILERA IZQUIERDO, R. (2004), *Proceso Laboral y proceso civil: convergencias y divergencias*, Madrid, Civitas, p. 262; ALEMAÑ CANO, J. (2008), *Estructura del proceso laboral*, Valencia, Tirant lo Blanch, pp. 123 y 124; DE LAMO RUBIO, J. (2018-b) y (2021), *op. cit.*, pp. 6/11 y 12/15, respectivamente; GÓMEZ ESTEBAN, J. (2020), *op. cit.*, p. 7/12; SERRANO ESPINOSA, G. M.ª (2023), "Sobre la eficiencia procesal en la reforma del proceso laboral", *Diario La Ley*, nº 10277, p. 3/9.

63 DE LAMO RUBIO, J. (2018-b), *op. cit.*, pp. 7-8/11

momento, no solo por el tipo de conflictos a resolver, sino también por el elevado índice de analfabetismo entonces existente y los deficientes instrumentos técnicos y de comunicación de la época. El contexto social, económico y cultural hoy en día es muy distinto, pues ha habido grandes avances educativos y tecnológicos y, precisamente, para afrontar los retos que abre la digitalización de la justicia, la aportación escrita de la demanda, de la contestación y de toda la documentación necesaria con una antelación suficiente aparece como una exigencia inexcusable[64], según se comprobará más adelante. Por otra parte, la LRJS ya ha abierto brechas en esta línea. En este sentido, piénsese en el contenido del art. 87.6 LRJS que permite presentar conclusiones complementarias por escrito en aquellos casos en los que el volumen de la prueba documental o pericial así lo aconseje.

17. En fin, en todo caso, la aprobación del RDL 6/2023, de 19 de diciembre, aparentemente no altera las líneas esenciales de este sistema, ni en lo relativo a los sujetos obligados, ni en cuanto a la aportación de escritos y documentos.

17.1. En efecto, por lo que respecta a la primera cuestión, ciertamente, modifica el art. 44 LRJS en el sentido de simplificarlo. En este sentido, efectúa una remisión al art. 135 LEC con un pequeño matiz por el que se añade la referencia «*pudiendo los trabajadores elegir en todo momento si actúan ante la Administración de Justicia a través de medios electrónicos o no*». Así pues, no se han asumido las propuestas realizadas desde ciertos sectores que defienden la necesidad de dar el salto hacia una digitalización «integral», con independencia de quien intervenga[65], algo que no parece

---

64 En este sentido, DE LAMO RUBIO, J. (2018-b) y (2021), *op. cit.*, pp. 6/11 y 12/15; GÓMEZ ESTEBAN, J. (2020), *op. cit.*, p. 7/12; SAN CRISTÓBAL VILLANUEVA, J. M. (2020), *op. cit.*, p. 18/31; SERRANO ESPINOSA, G. M.ª (2023), *op. cit*, p. 3/9.

65 CALAZA LÓPEZ, S. (2020), "Ejes esenciales de la justicia post-COVID", *Diario La Ley*, nº 9737, p. 8/20.

descabellado si se acompaña de los medios oportunos y de la correspondiente asistencia técnica que permita sortear la eventual brecha digital[66].

Esta preocupación por evitar la brecha digital no era ajena a la LUTICAJ, como corroboraban las previsiones de su art. 5 en el que se instaba a las Administraciones competentes a que habilitasen los canales o medios necesarios para la prestación de los servicios electrónicos, asegurando en todo caso el acceso a los mismos de todos los ciudadanos, con independencia de sus circunstancias personales, medios o conocimientos, en la forma que estimasen adecuadas. A pesar de la amplitud de reconocimiento otorgada, lo cual podía desdibujar el compromiso, el párrafo segundo fijaba unos mínimos a cubrir entre los que destacaban la asistencia y orientación al ciudadano que comparecía y actuaba sin representación y asistencia técnica, los puntos de acceso electrónicos, los servicios de atención telefónica o los puntos de información electrónica.

El RDL 6/2023, de 19 de diciembre da un pequeño paso más en este sentido. Así, por lo pronto, su art. 4 fortalece el compromiso impuesto sobre las administraciones públicas al asignarles el papel de «garantes» en la prestación del servicio. Un servicio que, adicionalmente, el precepto exige ahora que sea prestado a través de unos medios digitales que sean «equivalentes, interoperables y con niveles de calidad equiparables».

Por otra parte, aun manteniendo en el apartado tercero el deber de las administraciones públicas relativo a habilitar los diferentes canales o medios necesarios para la prestación del servicio en unos términos similares a los que aparecían en art. 5.2 LUTICAJ, el apartado primero incorpora un listado mínimo de servicios a dispensar entre los que se encuentran los siguientes:

---

66 Las posibles vías para superarla en DELGADO MARTÍN, J. (2021), *op. cit.*, pp. 9-10/12.

- En primer lugar, la itineración de expedientes electrónicos y la transmisión de documentos electrónicos entre cualesquiera órganos y oficinas judiciales, fiscalía europea u oficinas fiscales;
- En segundo lugar, la interoperabilidad de datos entre cualesquiera órganos judiciales o fiscales, a los fines previstos en las leyes;
- En tercer lugar, la conservación y acceso a largo plazo de los expedientes y documentos electrónicos;
- En cuarto lugar, la presentación de escritos y comunicaciones dirigidas a los órganos, oficinas judiciales y oficinas fiscales a través de un registro común para toda la Administración de Justicia, de manera complementaria e interoperable con los registros judiciales electrónicos que correspondan a una o varias oficinas judiciales en los distintos ámbitos de competencia, para aquellos usuarios externos a estos ámbitos de competencia;
- En quinto lugar, el establecimiento de un Punto de Acceso General de la Administración de Justicia;
- En sexto lugar, un servicio personalizado de acceso a los distintos servicios, procedimientos e informaciones accesibles de la Administración de Justicia que afecten a un ciudadano o ciudadana cuando sean parte o interesados legítimos y directos en un procedimiento o actuación judicial, pudiendo ser accesible a dicho servicio a través de un servicio central, a través de las respectivas Sedes Judiciales Electrónicas de cada uno de los territorios o a través de ambos sistemas;
- En séptimo lugar, un registro común de datos para el contacto electrónico de ciudadanos, ciudadanas y profesionales, interoperable con los posibles registros existentes, para facilitar el contacto de los usuarios en los distintos ámbitos competencias;

- En octavo lugar, el acceso por parte de los y las profesionales a través de un punto común a todos los actos de comunicación de los que sean destinatarios, cualquiera que sea el órgano judicial u oficina fiscal que los haya emitido, pudiéndose realizar dicho acceso desde un punto común, a través de las respectivas Sedes Judiciales Electrónicas de cada uno de los territorios o a través de ambos sistemas;
- En noveno lugar, el Tablón Edictal Judicial Único;
- En décimo lugar, portales de datos en los términos previstos en el propio RDL 6/2023, de 19 de diciembre;
- En undécimo lugar, un registro interoperable en el que conste el personal al servicio de la Administración de Justicia que haya sido habilitado para la realización de determinados trámites o actuaciones en ella;
- En duodécimo lugar, cabe mencionar el Registro Electrónico de Apoderamientos Judiciales;
- En decimotercer lugar, la posible textualización de actuaciones orales registradas en soporte apto para la grabación y reproducción del sonido y la imagen;
- En decimocuarto lugar, la identificación y firma de los intervinientes en actuaciones no presenciales;
- En decimoquinto lugar, las comunicaciones electrónicas transfronterizas relativas a actuaciones de cooperación jurídica internacional, a través de un nodo común que asegure el cumplimiento de los requisitos de interoperabilidad que se hayan convenido en el marco de la Unión Europea o, en su caso, de la normativa convencional de aplicación;
- En decimosexto lugar, la identificación y firma no criptográfica en las actuaciones y procedimientos judiciales llevados a cabo por videoconferencia y en los servicios y actuaciones no presenciales;

- Por último, a modo de cláusula de cierre, se añade la referencia a aquellos servicios que se determinen por las administraciones públicas con competencias en medios materiales y personales de la Administración de Justicia, en el marco institucional de cooperación definido en el propio RDL.

En fin, en términos de medida para superar la eventual brecha digital, una mención especial merece, a mi juicio, la previsión contenida en el art. 33 RDL 6/2023, de 19 de diciembre, de conformidad con el cual el inicio por los ciudadanos de un procedimiento judicial por medios electrónicos en aquellos casos en los que no se precise representación procesal ni asistencia letrada requerirá la puesta a disposición de los interesados, en la sede judicial electrónica, de los correspondientes modelos o impresos normalizados, que deberán ser accesibles sin otras restricciones tecnológicas que las estrictamente derivadas de la utilización de estándares y criterios de comunicación y seguridad aplicables de acuerdo con las normas y protocolos nacionales e internacionales. La medida presenta, obviamente, una especial trascendencia en el terreno del proceso laboral, donde, como es sabido y he recordado en líneas anteriores, tanto la representación procesal como la asistencia técnica presentan un carácter potestativo en la instancia, según se deriva de los arts. 18 y 21 LRJS.

17.2. En cuanto a la segunda, ninguna de las vías de reforma señaladas anteriormente, como la contestación escrita o la aportación previa de la documentación, tenía acogida en el proyecto de Ley de Eficiencia Procesal que estaba en tramitación antes de la disolución de las Cortes en mayo de 2023, ni tampoco, lógicamente, se vislumbran en el texto del RDL 6/2023, de 19 de diciembre. No obstante, alguna de sus derivaciones se dejaba entrever en una de las modificaciones propuestas en este terreno que finalmente no ha visto la luz. En este sentido, haciéndose eco de una medida recomendada en el plan de choque elaborado por el CGPJ en 2020[67], el proyecto de Ley de Eficiencia Procesal planteaba la separación de los actos de conciliación y juicio a efectos de racionalizar la agenda del juzgado, si bien tenía ciertas implicaciones en la materia tratada, pues el LAJ debería dejar constancia de las razones por las que las partes intervinientes no alcanzaban un acuerdo en su presencia. Con todo, la trascendencia práctica de los cambios en materia de presentación de escritos y docuemntos ya se ha constatado en la labor judicial. Así lo evidencia la SAN de 5 de febrero de 2024, st. 14/2024, donde se rechaza la presentación de la documentación por parte del abogado en el acto del juicio en soporte papel sobre la base de los arts. 41 y ss. del RDL 6/2023.

1.2. La realización de comunicaciones y notificaciones

18. La adecuada realización de las comunicaciones tiene una gran relevancia en el seno del proceso en términos de garantía del derecho a la tutela judicial efectiva y a un proceso público con todas las garantías que no genere indefensión[68]. La LRJS destina distintos preceptos a esta cuestión. En efecto, a ello se refieren los arts. 52 y ss. LRJS, en particular, el art. 55 —lugar de las comunicaciones— y el art. 56 —comunicaciones fuera de la oficina judicial—. Estos artículos también han sido objeto de reforma por obra

---

[67] En concreto, se trata de la medida 6.22, desarrollada en las pp. 506 y ss. del Plan de Choque presentado por el CGPJ.

[68] Entre otros muchos, DE LAMO RUBIO, J. (2018-c), "Citación telemática a juicios, nulidad de actuaciones judiciales en el orden social", *Diario La Ley*, nº 9181, p. 2/12; FERNÁNDEZ NIETO, L. A. (2019), *op. cit.*, p. 1/21; PÉREZ DAUDÍ, V. (2019), "La justicia ante el reto de las TIC", en CONDE FUENTES, J.; SERRANO HOYO, G. (Dirs.), *La justicia digital en España y en la Unión Europea*, Barcelona, Atelier, p. 89; LÓPEZ BALAGUER, M. (2020), "La incidencia del sistema LEXNET en los actos de comunicación de la jurisdicción social en la doctrina de los tribunales", en SALA FRANCO, T. (Dir.), *Problemas actuales del Proceso Laboral. Homenaje al profesor José M.ª Goerlich Peset con ocasión de sus 25 años como Catedrático de Derecho del Trabajo y la Seguridad Social*, Valencia, Tirant lo Blanch, pp. 189-190.

del RDL 6/2023, de 19 de diciembre. Por otra parte, hay que tener presente que los mismos no agotan la materia y que deben ser completados con las previsiones generales y comunes. Así pues, en realidad, a pesar de la referencia en tales preceptos a la realización de las comunicaciones en el domicilio y a la posibilidad de practicarlas vía telégrafo, fax, correo electrónico, etc., nuevamente hay que tomar en consideración las previsiones presentes en la normativa sobre el uso de la tecnología por la Administración de Justicia y en la LEC, las cuales se han visto afectadas por las modificaciones introducidas por el RDL 6/2023, de 19 de diciembre.

18.1. El recurso a tales previsiones ha implicado que cuando los sujetos actuantes están obligados al empleo de sistemas telemáticos o electrónicos —LexNET o el que hayan instaurado las CCAA con competencias transferidas— o, sin estarlo, hayan optado por su utilización, las comunicaciones se debían efectuar por esta vía[69], algo que no ha experimentado cambios con la reforma. Pues bien, en este punto, debe insistirse en que las personas físicas no están obligadas a ello, algo especialmente relevante en el proceso laboral al no requerirse defensa técnica ni representación en la instancia de acuerdo con los arts. 18 y 21 LRJS. Por otra parte, esta obligación ha contado tradicionalmente con otra importante excepción el primer escrito de emplazamiento o citación que se dirige a la parte demandada, el cual, debe efectuarse a su domicilio de conformidad con el art. 155 LEC. En efecto, a pesar de la problemática que esta cuestión suscitó originariamente en el ámbito doctrinal y judicial con la puesta en marcha del sistema, la cuestión resultó pacífica tras la STC 47/2019, de 8 de abril[70]. No

---

69 Al respecto, *vid.* LÓPEZ BALAGUER, M. (2020), *op. cit.*, pp. 189 y ss.

70 La problemática suscitada alrededor de esta cuestión se puede reconstruir por medio de, entre otros, DE LAMO RUBIO, J. (2018-c), *op. cit.*, pp. 4-5/12; TORRÓ ENGUIX, J. (2018), *op. cit.*, pp. 13 y ss; MORENO GARCÍA, L. (2019), "Las notificaciones procesales por medios electrónicos a la luz de la reciente doctrina constitucional", en CONDE FUENTES, J.; SERRANO HOYO, G. (Dirs.), *La justicia*

obstante, en el plano propositivo, había quien defendía la conveniencia de instaurar lo contrario, extendiendo la obligatoriedad de LexNET a este escrito, utilizando para ello la Dirección Electrónica Habilitada[71].

A mi juicio, la propuesta era y es compartible, pues, en la actualidad, las ventajas que en términos de celeridad podría permitir el sistema se diluyen debido a las excepciones con las que cuenta.

Asimismo, en este sentido, comparto igualmente las posturas doctrinales que destacan también en este terreno la necesidad de que todas las comunicaciones se realicen de forma electrónica, incluso con el sector de población sin internet, debiendo la Administración de Justicia paliar el desequilibrio digital, no solo con medios, sino también con la asistencia profesional del personal oportuno[72]. En efecto, la modernización de la justicia debe ir acompañada de medidas que aseguren la universalidad del acceso al proceso digital, garantizando la superación de la eventual brecha digital, la alfabetización digital, la eliminación de desigualdades o la exclusión de cualquier colectivo[73].

En fin, otro aspecto que debería resolverse es el relativo a los problemas de compatibilidad entre los distintos sistemas instaurados en las diversas CC.AA. con competencias

---

digital en España y en la Unión Europea, Barcelona, Atelier, pp. 64 y ss.; PÉREZ DAUDÍ, V. (2019), *op. cit.*, pp. 92 y ss.; LÓPEZ BALAGUER, M. (2020), *op. cit.*, pp. 202 y ss.

71 DE LAMO RUBIO, J. (2018-c), *op. cit.*, p. 9/12 y (2019), "Nulidad de actuaciones judiciales y expediente judicial electrónico: la primera citación de los demandados aun no personados", *Diario La Ley*, nº 9437, p. 10/14. En esta línea también, VALERO CANALES, A. (2020), "Notificaciones telemáticas. Presente y futuro. Novedades ante las modificaciones del estado de alarma", *Práctica de los Tribunales*, nº 147, pp. 4 y ss./12 o SAN CRISTÓBAL VILLANUEVA, J. M. (2020), *op. cit.*, 8-9/31. En contra, PÉREZ GAIPO, J. (2019), *op. cit.*, pp. 78-79.

72 CALAZA LÓPEZ, S. (2020), *op. cit.*, p. 8/20

73 TUSET VARELA, D. (2020), *op. cit.*, p. 7/9; en esta línea, CERNADA BADÍA, R. (2019), *op. cit.*, p. 421; DELGADO MARTÍN, J. (2021), *op. cit.*, pp. 9-10/12; GASCÓN INCHAUSTI, F. (2021), *op. cit.*, p. 389.

en materia de justicia, ya que, en ocasiones, incrementan las trabas[74], por lo que la labor unificadora o, cuando menos, la de garantizar la interoperabilidad se presenta como un objetivo ineludible[75].

18.2. Al margen de lo anterior, la puesta en marcha del sistema generó ciertos problemas concretos, hoy en día ya superados, relacionados especialmente con dos cuestiones concretas vinculadas entre sí como son, por un lado, el momento de recepción del acto de comunicación y, por otro, la determinación del *dies a quo* para llevar a cabo el cómputo de los plazos a dicha circunstancia ligados.

Y es que el modo de cohonestar el contenido del art. 60.3.II LRJS, por un lado, y los arts. 151.2 y 162 LEC, por otro, resultaba un tanto complejo, pues conducía a resultados dispares al tiempo de determinar en qué momento se entendía realizada la comunicación electrónica cuando el destinatario, estando obligado al uso de los medios telemáticos, no abría la mencionada comunicación, lo que repercutía en la fijación del *dies a quo* de los plazos que empezasen a correr con la realización de la comunicación de que se tratase[76].

En este sentido, téngase en cuenta que la literalidad del primer precepto señalado —el art. 60.3.II LRJS— apunta a que el acto se tiene por realizado «*al día siguiente a la fecha de recepción que conste en la diligencia o en el resguardo acreditativo de su recepción cuando el acto de comunicación se haya efectuado por los medios y con los requisitos que establece el apartado 1 del art.*

---

74 Entre otros, GONZÁLEZ MALABIA, S. (2016), *op. cit.*, 60 y ss.; CERDÁ MESEGUER, J. I. (2019), *op. cit.*, pp. 378-381; SALOM LUCAS, A. (2021), *op. cit.*, p. 2/6.

75 CORTÉS ABAD, O. (2019), *op. cit.*, p. 311.

76 A este problema ya aludían, entre otros, MARTÍN CONTRERAS, L. (2016), "El «dies a quo» para el inicio del cómputo de los plazos en los actos de comunicación realizados a través del sistema LexNET", *Diario La Ley*, nº 8844, pp. 1 y ss./10; MARTÍNEZ, J. (2016), "Lexnet: análisis de los artículos 56.5 y 60.3.2 LRJS y del cómputo de los plazos procesales en el orden jurisdiccional social en relación con el artículo 162 LEC", *Diario La Ley*, nº 8844, pp. 1 y ss./13.

162 de la Ley de Enjuiciamiento Civil», con independencia de que se haya abierto o no la comunicación electrónica, contando a partir de ahí los plazos correspondientes, mientras los segundos —arts. 151.2 y 162 LEC— abrían la puerta a considerar que la comunicación se entendiese realizada en el momento en que se procediese a la apertura, fuese el día de la recepción u otro posterior, y, en todo caso, a los tres días de la misma, cuando el destinatario, estando obligado a ello, no hubiese accedido a su contenido, empezando a partir de tal momento el cómputo de los eventuales plazos que pudieran existir para la realización de otra actuación.

Esta última línea interpretativa fue la que, finalmente, se impuso, con la excepción prevista en el propio precepto relativa a las notificaciones efectuadas por los Colegios de Procuradores, las cuales se consideraban siempre realizadas el día de la recepción y el cómputo de los plazos principiaba siempre al día siguiente de la misma[77]. A ello, ya apuntaba el Acuerdo no jurisdiccional de la sala de lo social del TS de 6 de julio de 2016 y se constataba en diversos autos posteriores emanados del mismo tribunal[78], aun con voces críticas al respecto que consideraban que la solución situaba en posición de desventaja a quienes no actuaban representados en el proceso, añadiendo que resultaría contraria a la celeridad esperable del procedimiento[79], un

---

77 La cuestión puede verse en MARTÍNEZ, J. (2016), *op. cit.*, pp. 1 y ss./13; BAUZA MARTORELL, F. J. (2019), "Cómputo de plazos en el proceso judicial digital", en GÓMEZ MANRESA, M.ª F.; FERNÁNDEZ SALMERÓN, M. (Coords.), *Modernización digital e innovación de la administración de justicia*, Cizur Menor, Thomson-Reuters Aranzadi, pp. 440 y ss.; CERNADA BADÍA, R. (2019), *op. cit.*, pp. 409-412; FERNÁNDEZ NIETO, L. A. (2019), *op. cit.*, pp. 11-12/21; MORENO GARCÍA, L. (2019), *op. cit.*, pp. 68-69; LÓPEZ BALAGUER, M. (2020), *op. cit.*, pp. 212 y ss.

78 ATS de 29 de noviembre de 2016, rec. 28/2016 o de 6 de febrero de 2019, rec. 49/2018.

79 Así, por ejemplo, PÉREZ GAIPO, J. (2019), *op. cit.*, pp. 75-77. Unos razonamientos que, por otra parte, ya estaba presentes en el trabajo de MARTÍN CONTRERAS, L. (2016), *op, cit.*, p. 9/10, cuando defendía dicha postura.

aspecto, ese último, negado por el propio TS de manera expresa en las resoluciones citadas.

19. La aprobación del RDL 6/2023, de 19 de diciembre, no altera en demasía este esquema en ninguna de las perspectivas apuntadas, esto es, la generalización del sistema y la garantía de universalidad, ni tampoco en lo relativo al primer emplazamiento del demandado, donde se sigue la línea supuestamente marcada por el TC en distintos pronunciamientos[80]. Al respecto, a mi juicio, merece la pena destacar los siguientes aspectos concretos.

19.1. Así, en relación con la generalización del sistema, por un lado, cabe recordar que la obligación de relacionarse con la Administración de Justicia por vía electrónica puede tener un origen legal o contractual. Pues bien, la reforma de la LRJS se encarga de precisar que esa obligación no se puede imponer contractualmente al trabajador. Así se recoge ahora de forma expresa en el art. 56 LRJS. Por otro lado, por lo que respecta al primer escrito de citación o emplazamiento dirigido a la persona demandada, ya he apuntado que algunas voces doctrinales habían sostenido la conveniencia de modificarlo e insertarlo en el régimen común[81]. La reforma del art. 155 LEC se mueve en ese sentido con un régimen diverso en función de que se trate de sujetos obligados a relacionarse electrónicamente con la Administración —en cuyo caso, el apartado primero del precepto mencionado prevé que se efectúe electrónicamente y, si en tres días no se accede al contenido, se publica en el Tablón Edictal Judicial Único— o no —en cuyo caso, el apartado segundo dispone que se puede emplear el mé-

---

80 En este sentido, ESCOURIDO PÉREZ-SINDÍN, J. M. (2021), "El Anteproyecto de Ley de Medidas de Eficiencia Procesal del Servicio Público de Justicia: reforma de la Ley de Enjuiciamiento Civil y su impacto en la Ley Reguladora de la Jurisdicción Social", *Cuadernos Digitales de Formación*, nº 38, p. 7.

81 Así, por ejemplo, VALERO CANALES, A. (2020), *op. cit.*, pp. 4 y ss./12 o BARONA VILAR, S. (2020), "Justicia civil post-coronavirus, de la crisis a algunas de las reformas que se avizoran", *Actualidad Jurídica Iberoamericana*, nº 12 bis.

todo electrónico o la comunicación al domicilio el primero surte efectos si se acepta voluntariamente; si en tres días no consta la recepción, se efectúa al domicilio—. No obstante, la aplicación de tales cambios al proceso laboral no resulta clara, a juzgar por el contenido del art. 55 LRJS en la reforma, con unas remisiones un tanto complejas para los sujetos obligados a las comunicaciones electrónicas o que hayan optado voluntariamente por su utilización se remite al art. 162 LEC en bloque; ahora bien, si tiene por objeto la personación en juicio o la intervención personal de las partes en determinadas actuaciones, el precepto remite al art. 155.2 LEC, donde, según se ha visto, se regulan los casos en que no existe tal obligación y se dispone que para los casos en que la comunicación se haya efectuado dos o más veces se estará a lo dispuesto en el art. 152.6 LEC —efectos de la primera que se verifique—. Así pues, parece dar prioridad en todo caso a la comunicación electrónica seguida del domicilio, sin recurrir al Tablón Edictal Judicial Único.

19.2. Por lo que respecta a las garantías de universalidad de acceso, el RDL 6/2023, de 19 de diciembre, sigue la senda marcada por la LUTICAJ aprobada en el año 2011, y amplía los derechos que en la misma estaban ya reconocidos. En este sentido, de gran relevancia son las previsiones de sus artículos 4, 5 y 6 el primero en cuanto contempla, según se ha visto más arriba (*supra* 17.1), los servicios electrónicos que deben ser garantizados por las Administraciones Públicas con competencias en medios materiales y personales de la Administración de Justicia a través de medios digitales que, además, deben ser equivalentes, interoperables y con niveles de calidad equiparables, lo que trata de salvar una de las deficiencias actuales que había sido denunciada de manera continua en el terreno doctrinal; el segundo porque en el mismo figuran los derechos de la ciudadanía a relacionarse con la Administración de Justicia empleando medios electrónicos y los conexos a la utilización de los mismos; en fin, el último de los preceptos mencionados resulta importante dado que recoge los derechos y obligaciones de los sujetos profesionales, también en este caso tanto el propio derecho a relacionarse con la Administración de Justicia por esta vía, como los derivados de su utilización.

20. Al margen de lo anterior, más allá de las fronteras estrictamente nacionales, la relevancia de la utilización de las nuevas tecnologías en la realización de los actos de comunicación presenta, por razones obvias vinculadas a la celeridad del procedimiento, una especial trascendencia en el ámbito transfronterizo y en los pleitos que surgen, cada vez con mayor frecuencia, en el terreno de las llamadas relaciones laborales internacionales.

20.1. El interés de esta materia resulta muy evidente en el ámbito comunitario donde, de hecho, la normativa actualmente en vigor aparece como resultado, entre otras cosas, de la necesidad de impulsar la digitalización en aras de alcanzar una mayor eficacia y rapidez, así como de garantizar una comunicación e intercambio de documentos seguro entre los usuarios de los sistemas informáticos[82]. En efecto, la sustitución del Reglamento (CE) 1393/2007, de 13 de noviembre, relativo a la notificación y al traslado en los Estados miembros de documentos judiciales y extrajudiciales en materia civil o mercantil —que derogó al Reglamento 1348/2000— por el Reglamento (UE) 2020/1784, de 25 de noviembre, con idéntico nombre, viene en gran parte motivado por tales objetivos. En este sentido, su considerando noveno es muy significativo al señalar que se deben utilizar todos los medios adecuados de las tecnologías de comunicación modernas a efectos de notificación y traslado de documentos «*con el fin de garantizar la transmisión rápida de documentos entre Estados miembros, siempre que reúnan determinadas condiciones que garanticen la integridad y fiabilidad del documento recibido*», a lo que añade que, con carácter general, toda comunicación e intercambio de documentos debe efectuarse a través de un sistema informático descen-

---

82 Al respecto, *vid.* SÁNCHEZ RUBIO, A. (2019), "Un paso más hacia la E-justicia en la tramitación de asuntos civiles y mercantiles: las notificaciones electrónicas transnacionales", en CONDE FUENTES, J.; SERRANO HOYO, G. (Dirs.), *La justicia digital en España y en la Unión Europea*, Barcelona, Atelier, pp. 110 y ss.

tralizado seguro y fiable que comprenda sistemas informáticos nacionales que estén interconectados y sean técnicamente interoperables.

20.2. Ese interés también ha calado en la normativa estrictamente interna, donde el RDL 6/2023, de 19 de diciembre, ha destinado diferentes preceptos al tratamiento de esta trascendente cuestión. En este sentido, merece la pena llamar la atención sobre el contenido de los arts. 55 y 92 del mismo. El primero de los preceptos mencionados, en el marco de las comunicaciones electrónicas, se destina a las que presentan un carácter transfronterizo, exigiendo del Ministerio de Presidencia, Justicia y Relaciones con las Cortes el establecimiento de un servicio o aplicación común como nodo para las comunicaciones electrónicas de tal tipo que cumpla con los requisitos de interoperabilidad que se hayan convenido en el marco de la Unión Europea o, en su caso, de la normativa convencional de aplicación; asimismo, exige que las Comunidades Autónomas con competencias en medios personales y materiales de la Administración de Justicia aseguren la interoperabilidad del sistema que establezcan con el servicio o aplicación común ideado por el Ministerio. Por su parte, el art. 92, incluido en el capítulo relativo al esquema judicial de interoperabilidad y seguridad, lleva por rúbrica la de *Cooperación jurídica internacional y comunicaciones electrónicas transfronterizas* y persigue que las comunicaciones relacionadas con los actos de cooperación de tal naturaleza puedan llevarse a cabo por medios electrónicos que aseguren el cumplimiento de los correspondientes requisitos técnicos y procesales, con una especial preocupación por la interoperabilidad así como por posibilitar la extracción automatizada de los datos relativos al sistema judicial.

2. EL EXPEDIENTE JUDICIAL ELECTRÓNICO

21. Otro paso relevante en la digitalización de la justicia vino representado por la introducción del EJE mediante la

aprobación de la LUTICAJ en el año 2011. El EJE se presentaba en la Exposición de Motivos de dicha Ley como el «heredero de los autos» e, inicialmente, se definía por su art. 26 como «*el conjunto de documentos electrónicos correspondientes a un proceso judicial cualquiera que sea el tipo de información que contenga*».

21.1. La reforma operada en dicho precepto por la DF 7 de la Ley 42/2015, de 5 de octubre, proporcionó una noción más amplia y precisa que ha pasado literalmente al art. 47 RDL 6/2023, de 19 de diciembre. En efecto, el EJE paso a definirse con la reforma operada en 2015 como «*el conjunto de datos, documentos, trámites y actuaciones electrónicas, así como grabaciones audiovisuales correspondientes a un procedimiento judicial, cualquiera que sea el tipo de información que contenga y el formato en el que se hayan generado*», una definición que, como ya he indicado, se mantiene en el RDL 6/2023, de 19 de diciembre.

21.2. En todo caso, su mayor implicación consiste en la sustitución del papel tradicional por un conjunto de documentos judiciales electrónicos, en concreto, todas las resoluciones y actuaciones que generan los sistemas de gestión procesal y toda la información que tenga acceso al mismo remitida por los profesionales que intervienen en el proceso[83].

22. El EJE aparecía como una pieza clave o motor en el proceso de modernización de la justicia por las ventajas que se derivarían del mismo en términos de celeridad en la adopción de las resoluciones, al ahorrar en recursos y simplificar la gestión procesal. Y es que, entre otras cosas, el EJE debería poderse consultar de una forma sencilla por vía electrónica por las partes y quienes acrediten interés legítimo, así como permitir la obtención de copia de su con-

---

[83] Un análisis más profundo en GONZÁLEZ MALABIA, S. (2017), "Claroscuros del expediente judicial electrónico", en BARONA VILAR, S. (Coord.), *Justicia civil y penal en la era global*, Valencia, Tirant lo Blanch, pp. 123-147; ARENAS RAMIRO, M. (2019), *op. cit.*, pp. 243 y ss.; VALERO CANALES, A. L. (2019), *op. cit.*, pp. 343 y ss.

tenido, siempre con una serie de medidas de seguridad que garantizasen la integridad, autenticidad, confidencialidad, calidad, protección y conservación de los documentos[84].

23. El resultado, sin embargo, no ha sido tan positivo[85]. Al margen del necesario cambio de mentalidad en los operadores jurídicos, deben destacarse dos cuestiones a las que ya he aludido previamente[86] por un lado, la imposibilidad de eliminar determinadas actuaciones procesales que requieren de documentos escritos, lo que conduce a su eventual digitalización ulterior y, con ello, a la duplicidad y sobrecarga de trabajo[87]; por otro, la escasez de medios y los déficits en interoperabilidad de los distintos sistemas de gestión procesal existentes (Atlante, Adriano, Avantius, Cicerone, Fortuny Justizia.eus, Libra, Minerva,Themis II o Vereda)[88].

23.1. Y es que, la introducción del EJE, además de no haberse completado[89], presenta demasiados «claroscuros»[90]. De entrada, la teórica mayor accesibilidad no resulta siempre ser tal, pues el EJE no puede abrirse desde cualquier punto —así, por ejemplo, desde conexiones remotas; en

---

84 GONZÁLEZ MALABIA, S. (2017), *op. cit.*, pp. 123 y ss.; ARENAS RAMIRO, M. (2019), *op. cit.*, pp. 272 y ss.; VALERO CANALES, A. L. (2019), *op. cit.*, pp. 345 y ss.

85 GONZÁLEZ MALABIA, S. (2017), *op. cit.*, pp. 127 y ss.; MARTÍN DIZ, F. (2020), *op. cit.*, p. 43.

86 El EJE suscita otros interrogantes específicos como los relacionados con los sujetos que pueden acceder, el modo en que se produce el intercambio de información judicial o su propia conservación. Un acercamiento a las mismas puede efectuarse por medio de ARENAS RAMIRO, M. (2019), *op. cit.*, pp. 268 y ss.

87 GONZÁLEZ MALABIA, S. (2017), *op. cit.*, p. 128; ARENAS RAMIRO, M. (2019), *op. cit.*, p. 258; MOLINS GARCÍA-ATANCE, J. (2021), *op. cit.*, p. 4; DE LA CASA QUESADA, S. (2023), *op. cit.*, p. 124.

88 GONZÁLEZ MALABIA, S. (2017), *op. cit.*, p. 128; CERDÁ MESEGUER, J. I. (2019), *op. cit.*, pp. 378-379; CORTÉS ABAD, O. (2019), *op. cit.*, pp. 311-312; VALERO CANALES, A. L. (2019), *op. cit.*, p. 345.

89 SALOM LUCAS, A. (2021), *op. cit.*, p. 3/6.

90 GONZÁLEZ MALABIA, S. (2017), *op. cit.*, pp. 127 y ss.; en esta línea, CERDÁ MESEGUER, J. I. (2019), *op. cit.*, pp. 377-384; SALOM LUCAS, A. (2021), *op. cit.*, p. 3/6.

ocasiones, ni siquiera en la propia sala de vistas por la falta de wifi—. Por otro lado, la reducción de costes en papel y liberación de espacios en sedes y archivos, se difumina por la posible ulterior aportación de documentos en papel y su posterior digitalización, lo que genera una duplicidad y consume tiempo. Asimismo, a veces, la labor judicial se ve dificultada por la sustitución del papel, como sucede con ciertas fotos, planos, informes, etc., enviados con reducciones o en blanco y negro para que no pesen y cuya visualización en pantalla puede resultar compleja.

23.2. En definitiva, las nuevas tecnologías deberían procurar una mayor celeridad, pero, en realidad, dado que ello depende de los instrumentos técnicos, en ocasiones, retrasan la labor de los órganos actuantes, como ocurre cuando se produce la imposibilidad de abrir un archivo, localizarlo o firmarlo. En este sentido, debe subrayarse que una «exigencia indeclinable» es dotar a la Administración de Justicia de sistemas tecnológicos viables, operativos y avanzados[91].

24. El RDL 6/2023, de 19 de diciembre, no incide demasiado en las cuestiones vinculadas al EJE cuya noción, como ya he indicado, se mantiene. Ciertamente, de manera muy loable, el citado RDL incluye entre sus líneas de actuación las cuestiones relacionadas con la interconexión y la interoperabilidad a través de una pluralidad de intenciones y medidas cuya actuación, en todo caso, requerirán de decisiones inversoras concretas. Al margen de las cuestiones de carácter más técnico, en aras de evitar la duplicidad —presentación en soporte papel de documentos y ulterior digitalización— tan solo se incide en el envío del expediente administrativo «digitalizado»[92], configurando la remisión en dicho formato como obligatoria, pero se

---

91 VALERO CANALES, A. L. (2019), *op. cit.*, p. 345.

92 Los problemas específicos que esta remisión suscita pueden analizarse en DELGADO BÁIDEZ, J. M.ª (2019), "Incorporación del expediente administrativo al proceso judicial", en GÓMEZ MANRESA, M.ª F.; FERNÁNDEZ SALMERÓN, M. (Coords.), *Modernización digi-*

hace, exclusivamente, en el terreno del proceso contencioso-administrativo, al modificar los arts. 116 y 127 de la Ley de la Jurisdicción Contencioso Administrativa (LJCA), sin que se introduzca modificación alguna al respecto en el proceso laboral, donde los arts. 77.2, 82.4, 124.9 y 10 y 143.1 configuran la remisión digital como facultativa[93]. Y, en todo caso, por lo que respecta a los documentos que presentan las partes, si bien hay una declaración general en el art. 41 RDL 6/2023 relativa a que los documentos y actuaciones se efectúen en formato electrónico para su incorporación al EJE, se exceptúan de ello los casos previstos en las leyes, así como, obviamente, el supuesto de los sujetos no obligados a la utilización de los medios electrónicos, lo que conduce a que persista el problema de la «duplicidad», como evidencia el art. 43, donde se alude a la digitalización e incorporación ulterior de aquellos documentos en papel que se aporten en cualquier momento del procedimiento cuando la parte que los presenta no venga obligada a relacionarse electrónicamente con la Administración de Justicia.

3. LA DOCUMENTACIÓN DE LAS ACTUACIONES Y DE LAS DECISIONES

25. Un tercer bloque de materias donde se aprecia la influencia de la digitalización es el relacionado con la documentación de las actuaciones procesales y de las decisiones judiciales.

3.1. La documentación de las actuaciones…

26. Por lo que respecta a la primera cuestión, el desarrollo del juicio quedaba en el pasado reflejado en el acta

---

tal e innovación de la administración de justicia, Cizur Menor, Thomson-Reuters Aranzadi, pp. 449 y ss.

93 DE LA CASA QUESADA, R. (2023), *op. cit.*, p. 124.

que se iba extendiendo por el secretario judicial (hoy, LAJ) y que reflejaba todo lo que había sucedido a lo largo de la tramitación. La Ley 13/2009, de 3 de noviembre, de reforma de la legislación procesal para la implantación de la oficina judicial, alteró sustancialmente esta concepción del acta e incorporó las nuevas tecnologías también en lo relativo a la documentación de las actuaciones orales en vistas, audiencias y comparecencias. Así, siguiendo la senda de lo que ya había sucedido en el ámbito del proceso civil con la LEC, el desarrollo del proceso laboral tras la reforma operada en el año 2009 pasó a registrarse con carácter general en soporte apto para la grabación y reproducción de la imagen y del sonido, según indicaba el art. 89.1 LPL reformado y recoge hoy el art. 89 LRJS, un precepto que se ha visto afectado mínimamente por la reforma introducida a través del RDL 6/2023, de 19 de diciembre. Estas previsiones, como decía, bebían directamente de lo experimentado en el terreno civil y venían a reproducir lo establecido en los arts. 146 y 147 LEC[94], preceptos a los que el art. 89.1 LRJS se remite, tras la reforma operada por el RDL 6/2023, de forma expresa. En todo caso, la introducción de las actas grabadas no implicó que las «tradicionales» desapareciesen totalmente, ni la reforma de 2023 determina que vayan a desaparecer.

26.1. En efecto, en principio, el acta no resulta necesaria cuando se hayan empleado estos medios y además se pueda garantizar la autenticidad e integridad de lo grabado o reproducido mediante sistemas que conforme a la ley ofrezcan tales garantías, como la firma electrónica. En tal caso, ni siquiera se requiere la presencia en sala del LAJ durante el juicio, salvo que se den las circunstancias excepcionales del art. 89.2 LRJS (por ejemplo, que medie solicitud

---

[94] El análisis de su introducción y desarrollo en el proceso civil puede efectuarse por medio de ADÁN DOMÉNECH, F. (2008), "Problemática judicial de la documentación de las actuaciones judiciales", en CARPI, F.; ORTELLS RAMOS, M. (Eds.), *Oralidad y escritura en un proceso civil eficiente, Vol. II. Comunicaciones*, Valencia, Universitat de València, pp. 41 y ss.

de las partes o se trate de un asunto muy complejo), algo que conduciría además a la necesidad de levantar un acta «sucinta».

26.2. Ahora bien, cuando los mecanismos que garantizan la autenticidad e integridad de lo grabado o reproducido no pudieran ser utilizados, será necesaria la presencia del LAJ y éste deberá extender un acta «sucinta» en los términos recogidos por el art. 89.3 LRJS donde se alude a que recoja los siguientes extremos lugar y fecha de celebración, juez o tribunal que preside el acto, peticiones y propuestas de las partes, medios de prueba propuestos por ellas, declaración de su pertinencia o impertinencia, resoluciones que adopte el juez o tribunal, así como las circunstancias e incidencias que no pudieran constar en aquel soporte.

26.3. En fin, por último, seguirá siendo necesaria un acta, ahora más detallada, en los casos en que los medios de registro de la imagen y sonido no pudieran ser utilizados, concretando el art. 89.4 LRJS los aspectos que en tales casos debe reflejar que, en este caso, son mayores. Así, de entrada, el lugar, fecha, juez o tribunal que preside el acto, las partes comparecientes, representantes y defensores que les asisten. En segundo lugar, un breve resumen de las alegaciones de las partes, medios de prueba propuestos por ellas, declaración expresa de su pertinencia o impertinencia, así como, en su caso, razones de la negación y protesta. En tercer lugar, respecto las pruebas admitidas y practicadas, un resumen suficiente de las de interrogatorio de parte y de testigos, una relación circunstanciada de los documentos presentados, o datos suficientes que permitan identificarlos, cuando su elevado número así lo aconseje, una relación de las incidencias planteadas en juicio respecto la prueba documental, un resumen suficiente de los informes periciales, así como también de la resolución del juez o tribunal en torno a las recusaciones propuestas de los peritos y un resumen de las declaraciones de los asesores, si su dictamen no se elaboró por escrito e incorporó a los autos. En cuarto lugar, las conclusiones y peticiones concretas formuladas por las partes. Por último, la declaración hecha por el juez o tribunal de conclusión de los autos mandando traerlos a la vista para sentencia.

26.4. La extensión del acta, cuando la misma se haya realizado, sea la sucinta del art. 89.3 LRJS o la más detallada del art. 89.4 LRJS, se hará por procedimientos informáticos, sin que pueda ser manuscrita más que en las ocasiones en que la sala en que se esté celebrando el juicio careciera de medios informáticos. A pesar de la claridad del mandato contenido en el art. 89.5 LRJS, donde tan solo se exceptúan de la prohibición los supuestos en los que la sala o el lugar de celebración de las actuaciones careciesen de medios informáticos, no son de extrañar las solicitudes de extensión por escrito.

27. La medida comentada, vista originariamente en el momento de su implantación con bastante recelo, se ha revelado muy efectiva y eficiente como mecanismo para documentar el proceso. En este sentido, cabe destacar dos aspectos por un lado, ha liberado a los LAJ de la necesaria presencia en la vista, así como de la redacción del acta, pudiendo destinar el tiempo liberado a la realización de otros cometidos de mayor calado; por otro, ha facilitado la labor de los profesionales quienes ya no se ven en la necesidad de leer minuciosamente el acta y comprobar que refleja fielmente lo acontecido en el juicio, una labor de gran relevancia por cuanto aquello que no consta en el acta es como si no hubiese tenido lugar[95]. Por ello, no es de extrañar que desde los sectores profesionales se propugne su implantación definitiva y la mejora del sistema[96]. Y es que, a pesar de las bondades del sistema, ello no significa que sea infalible; de hecho, en ocasiones, puede tener algún tipo de fallo o incidencia, surgiendo la duda sobre sus consecuencias[97].

---

95 GONZÁLEZ MALABIA, S. (2016), *op. cit.*, p. 64.

96 BUENO BENEDÍ, M. (2022), *op. cit.*, p. 3/22.

97 Al respecto, *vid.* ADÁN DOMÉNECH, F. (2008), *op. cit.*, pp. 43 y ss.; GARCÍA-LUBÉN BARTHE, L. (2008), "Problemas que plantean los defectos de grabación de la vista en los juicios orales", en CARPI, F.; ORTELLS RAMOS, M. (Eds.), *Oralidad y escritura en un proceso civil*

27.1. A esta cuestión ha tenido que enfrentarse recientemente la sala cuarta del TS. Así, al hilo de un supuesto en que la grabación no había quedado registrada, algo que se constata al intentar recurrir la sentencia de instancia en suplicación por la vía de la revisión fáctica, el Alto Tribunal ha indicado que el fallo no implica por sí mismo una nulidad de las actuaciones, sino que para que ello se produzca debe haber provocado indefensión en la parte[98]. Así pues, en el supuesto en cuestión, en la medida en que lo perseguido en el recurso se relacionaba con el testimonio depuesto por un testigo y la revisión fáctica basada en dicha prueba no tiene acceso a suplicación ni a casación, la pretensión se desestima.

27.2. Por lo que respecta a la mejora del sistema, tal y como he avanzado, la aprobación del RDL 6/2023, de 19 de diciembre, ha tenido una incidencia mínima en este terreno, si bien resulta posible detectar algunas innovaciones, más allá de las previsiones encargadas de regular la fe pública judicial y la documentación de las actuaciones, que presentan un interés relativo.

En efecto, en el primer sentido, se ha limitado, por un lado, a simplificar parcialmente el precepto mediante una sencilla remisión a los arts. 146 y 147 LEC cuyo contenido, por lo demás, es coincidente con el anteriormente reseñado (innecesariedad del acta convencional cuando hay grabación; supuestos y contenido del acta «sucinta»; supuestos y contenido del acta «detallada»); por otro lado, ha introducido unos cambios menores en el art. 89 LRJS, como son, la actualización de la referencia al secretario judicial, sustituyéndola por la mención del LAJ y, además,

---

eficiente, Vol. II. Comunicaciones, Valencia, Universitat de València, pp. 61 y ss.

98 STS de 10 de enero de 2023, rec. 4071/2019. Con mucho mayor detalle, esta cuestión fue objeto de análisis por el prof. TASCÓN LÓPEZ en el *brief* de la AEDTSS 4/2023, disponible en https://www.aedtss.com/brief-digital-4-2023/, último acceso 8 de septiembre de 2023.

satisfaciendo la perspectiva de género; en fin, aun siendo también de carácter menor, desaparece la referencia «general» a la custodia del documento electrónico que sirve de soporte a la grabación por parte del LAJ, de manera que ese cometido ahora se limita a los casos en que los sistemas no provean de EJE, respecto del cual, por cierto, se introduce la previsión relativa a que la oficina judicial asegure la correcta incorporación al mismo de la grabación.

En cuanto a las innovaciones «extrasistemáticas», hay que llamar la atención sobre la incidencia del RDL 6/2023, de 19 de diciembre, en los arts. 312, 354, 359 y 374 LEC, concretamente, en materia de interrogatorio domiciliario de las partes y testigos (arts. 312 y 374 LEC), así como en sede del reconocimiento judicial (arts. 354 y 359). Y es que no todas las actuaciones que integran el proceso se celebran en la sede del órgano jurisdiccional. Así, tanto en el caso del interrogatorio domiciliario de las partes como de los testigos, los arts. 312 y 374 LEC ahora abren la puerta a que, si se cuenta con los medios tecnológicos necesarios y el órgano jurisdiccional actuante considera que resulta posible la grabación del interrogatorio sin afectar la protección de la intimidad o dignidad de la persona, así lo ordene, pudiendo ser la grabación únicamente de audio. Pues bien, si así se hiciere, el LAJ garantizará la autenticidad e integridad de lo grabado o reproducido mediante la utilización de la firma electrónica u otro sistema de seguridad que conforme a la ley ofrezca tales garantías. En definitiva, se extiende la sustitución del acta tradicional por la grabación a estas situaciones. Y algo similar sucede en el caso del reconocimiento judicial, según se aprecia en la nueva redacción dada a los arts. 358 y 359 LEC por el art. 103, números sesenta dos y sesenta y tres, del RDL 6/2023, de 19 de diciembre.

3.2. ... y de las decisiones

28. Los avances tecnológicos también han tenido una enorme repercusión positiva en las labores de documentar

las resoluciones que se adoptan a lo largo del proceso, haciéndolas accesibles a los ciudadanos en general y, de manera particular, a los operadores jurídicos.

28.1. Al respecto, debe tenerse en cuenta que una parte muy importante de la actividad judicial se basa en el conocimiento, el cual se encuentra íntimamente ligado a la posibilidad de acceder a toda esa información, así como a la capacidad para gestionarla y utilizarla. Esa gestión del conocimiento judicial contribuye a la modernización de la Justicia, pues permite establecer una metodología de trabajo más eficiente en el ejercicio de la función jurisdiccional[99].

28.2. Y es que la modernización implica unos sistemas adecuados de archivo que permitan administrar, guardar y gestionar las distintas resoluciones emanadas de los órganos judiciales, así como otro tipo de documentos como estudios e informes. Pues bien, en esto contexto, nació el CENDOJ, cuyo Reglamento de funcionamiento se aprobó por Acuerdo del CGPJ el 7 de mayo de 1997 y cuya referencia se incorporaría en el art. 619 LOPJ con la reforma de la LO 4/2013.

29. El CENDOJ se define por la norma precitada como «*un órgano técnico del CGPJ, cuyas funciones son la selección, la ordenación el tratamiento, la difusión y la publicación de información jurídica legislativa, jurisprudencial y doctrinal*». Además, colabora en la implantación de las decisiones adoptadas por el CGPJ en materia de armonización de los sistemas informáticos que redunden en una mayor eficiencia de la actividad de los Juzgados y Tribunales. Y es que una de las funciones más relevantes del CENDOJ es la publicación oficial de la jurisprudencia, si bien no es la única, pues ofrece importantes servicios de apoyo, formación e información a los miembros de la Carrera Judicial facilitándoles el acceso

---

99 En relación con la relevancia de la informática jurídica documental y de gestión, *vid.*, PÉREZ-LUÑO ROBLEDO, E. C. (2019), *op. cit.*, pp. 52 y ss.

a todo tipo de fuentes documentales empleadas en el desarrollo de la actividad judicial[100].

29.1. Por lo que respecta a la publicación de la jurisprudencia, el CENDOJ se encarga de publicar oficialmente los autos y sentencias procedentes de los Tribunales colegiados españoles y de difundirla a toda la ciudadanía de forma universal y gratuita a través de la web del poder judicial, tras los correspondientes procesos técnicos. Por otra parte, en cuanto a las resoluciones de los órganos unipersonales recopila aquellas que han sido seleccionadas por sus titulares como de interés jurídico relevante.

Las resoluciones que llegan al CENDOJ se someten a un tratamiento informático que completa un ciclo hasta su transformación en un formato homogéneo y que conlleva una serie de procesos sucesivos de digitalización, estructuración del cuerpo de la sentencia, marcado de los formatos de texto, extracción de campos de la resolución, disociación de datos de carácter personal, marcado de referencias a legislación y jurisprudencia y elaboración del archivo informático. Una vez efectuado el control de calidad del proceso de tratamiento, se procede a la difusión de las resoluciones en la web, tanto en la base de datos de acceso público, bajo la denominación de «Jurisprudencia», como en el Fondo Documental CENDOJ.

La base de datos pública, a la que puede acceder de forma gratuita cualquier ciudadano interesado en conocer los criterios de decisión de los tribunales, contiene a día de hoy más de 6 millones de resoluciones; por su parte, el Fondo Documental CENDOJ, que se ofrece en el entorno restringido para la Carrera Judicial, incluye en torno a 300.000 resoluciones que cuentan con un importante valor añadido consistente en el análisis jurídico realizado por letrados del Gabinete Técnico del Tribunal Supremo o magistrados de

---

[100] La información en https://www.poderjudicial.es/cgpj/es/Temas/Centro-de-Documentacion-Judicial–CENDOJ-/20-Anos-CENDOJ/, último acceso 8 de septiembre de 2023.

la Audiencia Nacional, los Tribunales Superiores de Justicia y las Audiencias Provinciales.

29.2. Por otra parte, el CENDOJ también tiene encomendada la labor de concepción, diseño, producción, securización, gestión técnica y de contenido documental, administración, desarrollo y mantenimiento del portal web público y privado www.poderjudicial.es, vía a través de la cual se accede a la mayor parte de los servicios que presta el Centro. Ese entorno privado ofrece a los integrantes de la carrera judicial no solo los ya señalados valores añadidos en jurisprudencia, sino también el acceso a publicaciones y a los dosieres que elabora o la atención de consultas documentales y de jurisprudencia. Asimismo, posibilita y administra foros de debate, proporciona y gestiona el correo corporativo, facilita formularios *on line* y otras muchas aplicaciones, impartiendo además formación sobre todas ellas, con el objetivo de constituir una herramienta útil y eficiente para la realización del trabajo diario de sus miembros. En fin, no menos relevantes son sus funciones de establecer y mantener alianzas y relaciones estratégicas mediante convenios, realizar asesorías en cooperación jurídica internacional, prestar apoyo técnico y jurídico para la creación de Centros de Documentación judicial en otros países o participar en diversos grupos de trabajo y comisiones, interviniendo en cursos y congresos.

29.3. Por lo demás, más allá de su finalidad primaria en relación con los procedimientos en los que son dictadas, las resoluciones judiciales resultan de interés general. Así se entiende que sean objeto de utilización por los distintos operadores jurídicos y por el conjunto de ciudadanos. Pues bien, en la cadena de transmisión de esa información a los destinatarios de la misma aparecen agentes intermediarios que, aportando a dicha información un valor añadido de mayor o menor alcance, hacen una reutilización de aquélla, sea o no con fines comerciales. Ello enlaza con otra función relevante que corresponde al CENDOJ como es la de gestionar el suministro de las resoluciones a los diversos «reutilizadores», con las condiciones establecidas en la Ley

18/2015, de 9 de julio, sobre Reutilización de la Información del Sector Público, y la de atender solicitudes que no son constitutivas de reutilización[101].

4. LA REALIZACIÓN TELEMÁTICA DE ACTUACIONES PROCESALES, INCLUIDAS LAS VISTAS

30. El cuarto aspecto en el que se constata el influjo de la digitalización y al que me quiero referir es el relativo a la realización telemática de las actuaciones procesales y preprocesales, como la conciliación o mediación previa, la conciliación judicial, las deliberaciones de los órganos colegiados y, singularmente, las vistas. Esta posibilidad experimentó un fuerte empuje con la pandemia[102] y debería sobrevivir a ella, eso sí, superando una serie de retos[103].

---

101 La rica problemática que suscita la cuestión de la «reutilización» supera los objetivos de este trabajo, pero puede efectuarse un acercamiento a la misma a través de FERNÁNDEZ SALMERÓN, M. (2019), "De la reutilización de sentencias al «Big Data» judicial. Aproximación a la metamorfosis experimentada por los modelos de uso de la información en el marco de la actividad jurisdiccional", en GÓMEZ MANRESA, M.ª F.; FERNÁNDEZ SALMERÓN, M. (Coords.), *Modernización digital e innovación de la administración de justicia*, Cizur Menor, Thomson-Reuters Aranzadi, pp. 64 y ss., y bibliografía por él mencionada.

102 La afirmación es casi un lugar común en la doctrina: CABEZUDO BAJO, M.ª J. (2020), "Avance hacia un juicio penal íntegramente telemático mediante un uso generalizado de la videoconferencia: eficiencia y derechos fundamentales", *Revista General de Derecho Procesal*, nº 52, p. 8/39; GARCÍA SANZ, J.; GONZÁLEZ GUIMARAES DA SILVA, J. (2020), *op. cit.*, p. 1/50; LOREDO COLUNGA, M. (2020), "Actuaciones procesales con presencia telemática (o cómo hacer de la necesidad virtud)", *Práctica de los Tribunales*, 2020, nº 146, p. 3/16; MAGRO SERVET, V. (2020-a) y (2020-b), *op. cit.*, pp. 2/12 y p. 2/8, respectivamente; SAN CRISTÓBAL VILLANUEVA, J. M. (2020), *op. cit.*, p. 12/31; CARDONA FERNÁNDEZ, A. M. (2021), "La celebración de juicios telemáticos: ¿es la solución a la pandemia y al colapso judicial?", *Diario La Ley*, nº 9786, p. 1/4; GARCÍA-VARELA IGLESIAS, R. (2021), *op. cit.*, p. 1/23; GASCÓN INCHAUSTI, F. (2021),

30.1. De entrada, la doctrina venía exigiendo la aprobación de un marco normativo más preciso que el actual[104], algo que la promulgación del RDL 6/2023, de 19 de diciembre, ha paliado parcialmente.

30.2. Por otra parte, también parece indispensable la puesta a disposición de una mayor dotación económica para afrontar las inversiones necesarias[105]. Asimismo, también resulta indispensable el desarrollo de unos medios tecnológicos modernos y eficaces[106], entre ellos, una plataforma judicial digital adecuada[107].

30.3. En fin, no puede faltar tampoco la adopción de las medidas formativas oportunas[108], una formación que debe ir dirigida no solo a los miembros de la Administración de Justicia, sino también a los usuarios[109] a quienes se debe

---

op. cit., pp. 387-388; GUERRA GONZÁLEZ, R. (2021), "Generalización de los juicios celebrados por videoconferencia, *Diario La Ley*, 2021, nº 9854, p. 2/18; RAYÓN BALLESTEROS, M.ª C. (2022), *op. cit.*, p. 190; SANCHIS CRESPO, C. (2022), "Vistas telemáticas y plataformas digitales: algunas cuestiones", *Revista Boliviana de Derecho*, nº 33, p. 366.

103 MARTÍN PASTOR, J. (2008-b), "Bases para el desarrollo del proceso telemático en el proceso civil español", en CARPI, F.; ORTELLS RAMOS, M. (Eds.), *Oralidad y escritura en un proceso civil eficiente, Vol. II. Comunicaciones*, Valencia, Universitat de València, p. 116. En esta línea, CALAZA LÓPEZ, S. (2020), *op. cit.*, pp. 6-7/20.

104 CALAZA LÓPEZ, S. (2020), *op. cit.*, pp. 6-7/20; GÓMEZ ESTEBAN, J. (2020), *op. cit.*, p. 11/12; BUENO BENEDÍ, M. (2022), *op. cit.*, p. 2/22.

105 ABELLÁN ALBERTOS, A. (2020), *op. cit.*, pp. 2-3/23; CALAZA LÓPEZ, S. (2020), *op. cit.*, pp. 6-7/20; BUENO BENEDÍ, M. (2022), *op. cit.*, pp. 2 y ss./22; RAYÓN BALLESTEROS, M.ª C. (2022), *op. cit.*, p. 196.

106 GÓMEZ ESTEBAN, J. (2020), *op. cit.*, p. 11/12; LOREDO COLUNGA, M. (2020), p. 4/16; BUENO BENEDÍ, M. (2022), *op. cit.*, pp. 2 y ss./22.

107 CALAZA LÓPEZ, S. (2020), *op. cit.*, pp. 6-7/20.

108 PÉREZ-LUÑO ROBLEDO, E. C. (2019), *op. cit.*, p. 57; ABELLÁN ALBERTOS, A. (2020), *op. cit.*, pp. 2-3/23; LOZANO GAGO, M.ª L. (2020), *op. cit.*, p. 7/20; DELGADO MARTÍN, J. (2021), *op. cit.*, pp. 2-3/23; BUENO BENEDÍ, M. (2022), *op. cit.*, p. 4/22; RAYÓN BALLESTEROS, M.ª C. (2022), *op. cit.*, p. 196.

109 TUSET VARELA, D. (2020), *op. cit.*, p. 7/9.

implicar[110]; es más, incluso se ha señalado que el déficit formativo se debería paliar integrando la materia en los temarios de la oposición y máster[111].

4.1. El apoyo o fundamento normativo a su admisibilidad

31. La conveniencia de contar con un marco legal preciso no implicaba que los órganos jurisdiccionales no dispusieran desde hace algún tiempo con un claro apoyo normativo para desarrollar actuaciones procesales por medio de videoconferencia, incluidas las vistas. Al respecto, de hecho, existían distintas previsiones que permitían fundamentar dicha posibilidad, a las que ahora hay que unir las que ha introducido la reforma operada por el RDL 6/2023, de 19 de diciembre.

32. En este sentido, de entrada, en el plano internacional y supranacional existe una pluralidad de instrumentos normativos, tanto convenios ratificados por España, como normas UE, que recogen esta posibilidad y cada vez de un modo más incisivo, algo que no es de extrañar, pues presenta una gran utilidad, especialmente, en los asuntos transfronterizos o los derivados de las llamadas «relaciones laborales internacionales», ya que mejora y simplifica la cooperación jurisdiccional y presenta enormes ventajas tanto para los intervinientes como para la propia tramitación[112].

32.1. Así, por un lado, hay que destacar un amplio conjunto de normas en el ámbito del proceso penal, relacionadas con la colaboración judicial entre Estados, que prevén el recurso a este medio[113]. Así, cabe citar el Estatuto

---

110 LOREDO COLUNGA, M. (2020), *op. cit.*, p. 4/16.

111 LOZANO GAGO, M.ª L. (2020), *op. cit.*, p. 7/20.

112 En este sentido, por ejemplo, TIERNO BARRIOS, S. (2019), *op. cit.*, p. 122.

113 Al respecto, *vid.* TIERNO BARRIOS, S. (2019), *op. cit.*, pp. 118-119; FERNÁNDEZ-FIGARES MORALES, M.ª J. (2021), *Audiencias telemáticas e la justicia. Presente y futuro*, Valencia, Tirant lo Blanch, pp. 29 y

de Roma de la Corte Penal Internacional de 17 de julio de 1998 (arts. 63 y 68), las Convenciones de Naciones Unidas contra la delincuencia organizada internacional (arts. 18 y 24) y contra la corrupción (art. 32), realizadas en Nueva York el 15 de noviembre de 2000 y el 31 de octubre de 2003, respectivamente; el Convenio de Bruselas sobre asistencia judicial en materia penal entre los Estados miembros de la Unión Europea de 29 de mayo de 2000 (art. 10 sobre audición por videoconferencia y art. 11 relativo a la audición telefónica para testigos y peritos); la Directiva 2012/29/UE, de 25 de octubre, por la que se establecen normas mínimas sobre los derechos, el apoyo y la protección de víctimas de delitos (art. 17); la Directiva 2013/48/UE de 22 de octubre de 2013 sobre el derecho de asistencia de letrado en los procesos penales y en los procedimientos relativos a la orden de detención europea (considerandos 23 y 30); la Directiva 2014/41/CE, de 3 de abril de 2014, relativa a la orden europea de investigación en materia penal (art. 24).

32.2. Esta fuerte presencia en el terreno penal no implica, por otro lado, que sean ajenas a la tramitación de los asuntos civiles. Así, nuevamente en el ámbito de la colaboración entre Estados, cabe aludir al Reglamento UE 2020/1783 de 25 de noviembre, que sustituye al Reglamento (CE) 1206/2001, de 28 de mayo, sobre cooperación entre los órganos jurisdiccionales de los Estados miembros en el ámbito de la obtención de pruebas en materia civil o mercantil (entendidas éstas en sentido amplio, esto es, incluyendo la laboral), pues se trata de un espacio en el que el respaldo a este instrumento ha sido especialmente nítido[114]. Y es que dicho Reglamento prevé el recurso a las videoconferencias para la práctica de determinadas actuaciones, siendo, precisamente, el impulso dado a las mismas —ya posibles en el texto de 2001— uno de los elementos

---

ss.; CABEZUDO BAJO, M. (2020), *op. cit.*, pp. 3 y ss.; VÉLEZ TORO, A. J. (2021), *op. cit.*, p. 8/25.

114 TIERNO BARRIOS, S. (2019), *op. cit.*, p. 120.

claves del texto aprobado en 2020, donde se destina todo un precepto a su regulación, concretamente, el art. 20.

32.3. En fin, omnicomprensivo de ambas materias, no puede dejar de mencionarse el *Convenio Iberoamericano sobre el uso de la videoconferencia en la Cooperación Internacional entre Sistemas de Justicia, hecho en Mar del Plata el 3 de diciembre de 2020* y que resulta aplicable a la materia civil, mercantil y penal, pues fue ratificado por España[115].

33. Al margen de estas previsiones procedentes de las altas instancias internacionales o comunitarias, el ordenamiento estrictamente interno proporciona base suficiente para poder recurrir a la videoconferencia tal y como evidencia la evolución normativa habida durante las últimas décadas.

33.1. Así, la reforma operada en la LOPJ y en la LECrim por la LO 13/2003 constituyen el motor del recurso a las videoconferencias en nuestra práctica forense por las ventajas que suponen. Y es que tales normas incorporan de forma clara este instrumento en nuestro ordenamiento procesal[116] en el marco del primer texto citado, al añadirse un apartado 3 al art. 229 LOPJ en el que se contiene una alusión expresa relativa a la posibilidad de que ciertas actuaciones —en concreto, declaraciones, interrogatorios, testimonios, careos, exploraciones, informes, ratificación de periciales y vistas— puedan llevarse a cabo por medio de videoconferencia; por lo que respecta al segundo, la posibilidad de recurrir a la videoconferencia aparece expre-

---

115 El instrumento de ratificación fue publicado en el BOE de 13 de agosto de 2014.

116 MARTÍN PASTOR, J. (2008-b), *op. cit.*, p. 121; TIERNO BARRIOS, S. (2019), *op. cit.*, p. 118; CABEZUDO BAJO, M. (2020), *op. cit.*, pp. 9 y ss.; GARCÍA SANZ, J.; GONZALEZ GUIMARAES DA SILVA, J. (2020), *op. cit.*, p. 13/50; MAGRO SERVET, V. (2020-a) y (2020-b), *op. cit.*, pp. 7-8/12 y. 4 y ss./8, respectivamente; GÓMEZ ESTEBAN, J. (2020), *op. cit.*, p. 2/12; SAN CRISTÓBAL VILLANUEVA, J. M. (2020), *op. cit.*, p. 12/31; BARONA VILAR, S. (2021), *op. cit.*, p. 399; GASCÓN INCHAUSTI, F. (2021), *op. cit.*, pp. 388-389.

samente reconocida tanto en la fase de investigación como en el juicio oral en los arts. 306, 325 y 731 bis.

33.2. En realidad, ya la reforma del art. 230 LOPJ realizada por la Ley 16/1994 y, sobre todo, la operada por la Ley 7/2015 podrían haber servido de fundamento para ello. La primera en cuanto transformó la alusión a los «medios técnicos» presente en el precepto en la referencia a medios «electrónicos, informáticos y telemáticos»; y aunque a dichas alturas seguramente no se estaría pensando en el uso de la videoconferencia para la celebración de vistas por el desarrollo de la tecnología existente, la interpretación de la norma ajustada a la realidad social lo hubiesen permitido tan pronto empezaron a ser un recurso disponible. La segunda supuso transformar la originaria «posibilidad» que tenían los órganos jurisdiccionales de utilizar cualesquiera de tales medios, puestos a su disposición para el desarrollo de su actividad y ejercicio de sus funciones, en una «obligación», dentro del respeto a ciertos límites previstos en la propia Ley o en otras normas, como las reguladoras de la protección de datos[117]. Asimismo, debe tenerse en cuenta que en el precepto se establece la obligatoriedad de las instrucciones emanadas del CGPJ y de la Fiscalía en la materia. Con todo, tal y como se aprecia en los textos normativos reformados en 2003, así como en las instrucciones emanadas de la Fiscalía General al respecto, la tendencia ha sido la voluntariedad.

33.3. En ese contexto, la legislación de urgencia dictada durante la pandemia (RDL 16/2020, de 28 de abril y ulterior Ley 3/2020, de 18 de septiembre) volvió sobre el recurso a las videoconferencias para la realización de actos procesales, incluidas las vistas, tildándolas de «preferentes», eso sí, condicionadas a la existencia de medios en el órgano jurisdiccional que permitieran llevarlas a cabo con garantías. Los términos empleados en esta normativa

117 GARCÍA SANZ, J.; GONZALEZ GUIMARAES DA SILVA, J., (2020), *op. cit.*, p. 13/50; GÓMEZ ESTEBAN, J. (2020), *op. cit.*, p. 3/12.

fueron criticados por amplios sectores doctrinales[118], pues, al margen de que la realización de la videoconferencia venía prácticamente huérfana de una regulación legal —la cual, por cierto, se había anunciado en la DF 3ª de la Ley 18/2011, de 5 de julio (LUTICAJ), sin que fuese cumplido el compromiso—, no configuraba unos presupuestos precisos para la adopción de la medida, concretamente, en cuanto al alcance de la «preferencia»[119]. Igualmente, algún autor destacó que el condicionante —la existencia de medios en el órgano— no quedaba sujeto a una auditoría que permitiese controlar lo adecuado de la decisión[120]. Una decisión que, adicionalmente, no resultaba claro quién debía adoptar, siendo defendible que correspondiera al juez por medio de auto el cual debería ser posible recurrir[121], siguiendo la recurribilidad general de tales resoluciones según el art. 186 LRJS. También se criticó el hecho de que la norma no se preocupase por la concurrencia de medios en los profesionales[122], si bien parece que quedaría implícito en las garantías que debían darse a todos los justiciables en defensa de sus derechos de conformidad con lo establecido en el art. 14.5 Ley 3/2020, de 18 de septiembre[123].

34. Las previsiones contenidas en el art. 19 RDL 16/2020, de 28 de abril, y en el art. 14 de la Ley 3/2020, de 18 de septiembre, en cuanto a la celebración telemática de las vistas tenían un alcance temporal limitado el primero

---

118 Entre otros, ABELLÁN ALBERTOS, A. (2020), *op. cit.*, pp. 10 y ss./23; RICHARD GONZÁLEZ, M. (2020), *op. cit.*, p. 4/19; SALOM LUCAS, A. (2021), *op. cit.*, p. 6/6; FERNÁNDEZ-FIGARES MORALES, M.ª J. (2021), *op. cit.*, pp. 76 y ss.

119 Por todos, FERNÁNDEZ-FIGARES MORALES, M.ª J. (2021), *op. cit.*, p. 77.

120 ABELLÁN ALBERTOS, A. (2020), *op. cit.*, p. 11/23.

121 Así, ABELLÁN ALBERTOS, A. (2020), *op. cit.*, p. 10/23, SALOM LUCAS, A. (2021), *op. cit.*, p. 6/6 o RAYÓN BALLESTEROS, M.ª C. (2022), *op. cit.*, p. 192. En sentido distinto, GASCÓN INCHAUSTI, F. (2021), *op. cit.*, p. 393, quien atribuye la competencia al juez, pero sin necesidad de motivación.

122 ABELLÁN ALBERTOS, A. (2020), *op. cit.*, p. 11/23.

123 GASCÓN INCHAUSTI, F. (2021), *op. cit.*, pp. 389-390.

aludía a un período de tres meses tras la finalización del estado de alarma; la segunda hasta el 20 de junio de 2021. Ello no significaba que, pasado dicho período de tiempo, no siguiese siendo posible su celebración[124] claramente lo era en el ámbito penal, de acuerdo con las previsiones de la LECrim antes referidas (arts. 306, 325 y 731 bis); pero también en los restantes órdenes jurisdiccionales, incluido el orden social, pues el art. 229 LOPJ ofrecía cobertura suficiente para ello[125]. Así se defendió por la doctrina científica respecto al orden civil, con una argumentación plenamente extrapolable al proceso laboral, diferenciando dos situaciones diversas[126] por un lado, el art. 299 LEC permitiría la celebración presencial «física» de la vista con uso de la videoconferencia para la práctica de las pruebas y ello por el reconocimiento amplísimo que el precepto efectúa de los medios de prueba (cualesquiera); por otro lado, aunque la LEC no lo contemplase, una interpretación integradora de los arts. 229, 230 y 268 LOPJ, en conexión con el 129 LEC, ofrecía una sólida argumentación para sostener la celebración íntegra de la vista, si bien había quien consideraba que debería reservarse para los casos más sencillos en los que se ventilasen asuntos meramente jurídicos que no requiriesen de actividad probatoria compleja[127] o que exigiesen escasa prueba documental y pocos intervinientes[128].

35. Así pues, la normativa procesal proporcionaba sólidos argumentos para sostener la posibilidad de llevar a cabo las actuaciones procesales por medio de videoconferencia. En todo caso, la aprobación del RDL 6/2023, de 19 de diciembre, debería suponer un impulso definitivo a

---

124 En este sentido, MOLINS GARCÍA-ATANCE, J. (2021), *op. cit.*, p. 2.

125 NORES TORRES, L. E. (2022), *op. cit.*, p.127.

126 GARCÍA SANZ, J.; GONZALEZ GUIMARAES DA SILVA, J. (2020), *op. cit.*, pp. 15 y ss./50; FERNÁNDEZ-FIGARES MORALES, M.ª J. (2021), *op. cit.*, p. 57.

127 SALOM LUCAS, A. (2021), *op. cit.*, p. 6/6.

128 LOREDO COLUNGA, M. (2020), *op. cit.*, p. 4/16; en esa línea, ABELLÁN ALBERTOS, A. (2020), *op. cit.*, p. 11/23.

su utilización[129]. En efecto, dicho RDL destina el título IV del libro primero, arts. 59 y ss., a la regulación de los «actos y servicios no presenciales», consolidando las actuaciones telemáticas a través de dos líneas de actuación.

35.1. La primera consiste en proceder a la reforma del marco normativo, en concreto, de la LECrim y la LEC, siendo a los efectos de este trabajo las modificaciones introducidas en esta última las que interesan.

Así, por lo que respecta a la misma, el art. 103, en su número diecisiete, introduce un nuevo art. 129 bis en la LEC en el que se apuesta por la realización telemática de los actos de juicio, vistas, audiencias, comparecencias, declaraciones y, en general, todos los actos procesales siempre que las oficinas judiciales cuenten con los medios técnicos necesarios para ello. No obstante, podría considerarse que se trata de una apuesta descafeinada dadas las excepciones que se recogen en el propio precepto, exigiendo la presencia física de la persona que haya de intervenir y, si se tratase de una de las partes, la de su defensa letrada para aquellos «*actos que tengan por objeto la audiencia, declaración o interrogatorio de partes, testigos o peritos, la exploración de la persona menor de edad, el reconocimiento judicial personal o la entrevista a persona con discapacidad*». Con todo, el propio precepto va acompañado de una suerte de «contraexcepciones» que permiten al juzgado o tribunal realizar tales actuaciones por videoconferencia en primer lugar, cuando atendiendo las circunstancias lo consideren oportuno; en segundo lugar, cuando medie solicitud de la persona que haya de intervenir por residir en municipio distinto al de la sede, realizándose en estos casos el acto de que se trate en los denominados «lugares seguros» de su municipio, los cuales se concretan en el nuevo art. 137 bis LEC según la redacción derivada del art. 103, número diecinueve del RDL 6/2023, de 19 de diciembre. Por último, cuando se trate de autoridades o funcionarios que intervengan en consideración a

---

129 GARCÍA-VARELA IGLESIAS, R. (2021), *op. cit.*, p. 2/13.

su cargo podrán realizar sus actuaciones desde los puntos de acceso seguros.

Al margen de lo anterior, distintos preceptos legales recogen ahora de manera expresa la referencia a la videoconferencia, procurando impulsar su uso en la realización de distintos actos procesales de manera que hagan innecesario recurrir al auxilio judicial o, simplemente, eviten desplazamientos innecesarios, ganando las actuaciones en celeridad y en ahorro económico. En esta línea se inscriben las modificaciones que el art. 103 RDL 6/2023, de 19 de diciembre, introduce en diferentes preceptos de la LEC. En este sentido, cabe citar los arts. 129 (lugar de las actuaciones judiciales), 169, 170 y 171 (auxilio judicial), 196 (deliberación y votación en órganos colegiados), 270.3 (presentación de documentos en momento no inicial), 311.1 y 313 (interrogatorio de parte), 346 (emisión y ratificación del dictamen pericial), 364 (declaración domiciliaria del testigo), 414.2 (comparecencia de las partes a la audiencia previa) y 432.1 LEC (comparecencia de las partes al juicio). Y es que en todos ellos subyace la idea de emplear este mecanismo en la medida en que ello resulte posible.

35.2. La segunda línea de actuación discurre por el camino de la regulación de los aspectos técnico-organizativos y las garantías, residenciándose su regulación en los arts. 59 y ss. RDL 6/2023, de 19 de diciembre.

Al respecto, en relación con los primeros —esto es, los aspectos de carácter técnico-organizativos—, el RDL 6/2023 se preocupa por definir en su artículo 62 los puntos de acceso seguros (dispositivos y sistemas de acceso que reúnan una serie de requisitos) y los lugares seguros, siendo estos últimos desde donde se realizarán las actuaciones a distancia. Entre tales lugares, a la espera de la reconversión de los juzgados de paz en oficinas de justicia para contar con una mayor cobertura, como se preveía en el Proyecto de Ley de Eficiencia Organizativa, de momento se consideran como tales, en todo caso, la oficina judicial correspondiente al tribunal competente, o cualquier otra oficina judicial o fiscal, y las oficinas de justicia del municipio; los Registros Civiles, para actuaciones relacionadas con su ámbito; el Instituto Nacional de Toxicología y Ciencias Forenses y los Institutos de Medicina Legal, para la intervención de los Médicos Forenses, Facultativos, Técnicos y Ayudantes de laboratorio; las sedes de las Fuerzas y Cuerpos de Seguridad del Estado, para la intervención de sus miembros; las sedes oficiales de la Abogacía del Estado, del Servicio Jurídico de la Administración de la Seguridad Social y de los Servicios Jurídicos de las Comunidades Autónomas, para la intervención de los miembros de tales servicios; los Centros penitenciarios, órganos dependientes de Instituciones Penitenciarias, centros de internamiento de extranjeros y centros de internamiento de menores, para las personas internas y funcionarios públicos. Asimismo, tendrán tal consideración cualesquiera otros lugares que se establezcan por el reglamento de aplicación en todo el territorio del Estado, previo informe favorable del Comité técnico estatal de la Administración judicial electrónica.

Por lo que respecta a las segundas, al margen de las condiciones que deben reunir los puntos y lugares seguros, destacan las previsiones contenidas en el art. 67 bajo la rúbrica *Control sobre la difusión de actuaciones telemáticas.* Al respecto, de entrada, destaca el recordatorio general de respeto a la normativa sobre protección de datos. Asimismo, en segundo lugar, el precepto se preocupa por negar que las partes, intervinientes o cualesquiera personas que tengan acceso a las actuaciones telemáticas y servicios no presenciales puedan grabar, tomar imágenes o utilizar cualesquiera medios que permitan una posterior reproducción del sonido y/o de la imagen. Igualmente, en tercer lugar, el art. 67.3 RDL 6/2023, de 19 de diciembre, impide que puedan utilizarse, sin autorización judicial, las grabaciones a las que cualquier persona haya podido acceder con motivo de un procedimiento judicial para fines distintos a los jurisdiccionales sobre la prohibición de grabar, difundir, etc. En fin, el incumplimiento estas obligaciones tiene una serie de repercusiones económicas trascendentes, pues puede determinar la imposición de una multa en los términos previstos en el art. 67.4 RDL 6/2023, de 19 de diciembre, la cual alcanza una cuantía considerable (de 180 a 60.000 euros) y que, además, no elimina la imposición de las eventuales sanciones que pudieran derivarse de la normativa sobre protección de datos, ni otro tipo de responsabilidades administrativas, civiles o penales.

4.2. *El apoyo y el rechazo doctrinal*

36. El interés evidenciado por la videoconferencia en el RDL 6/2023, de 19 de diciembre resulta enteramente lógico, a juzgar por las múltiples ventajas que el sistema puede producir en la tramitación procesal. No obstante, la videoconferencia no es la solución a todo mal, ni «el bálsamo de fierabrás»[130], como en general no lo es la digitalización, pues no está exenta de problemas.

36.1. En efecto, de una manera genérica, en defensa del sistema se han invocado razones vinculadas a la economía procesal, entendida como la consecución de los objetivos con las menores cargas posibles en medios empleados, tiempo consumido y dinero invertido[131]. En la misma línea, adicionalmente, también se ha insistido en otras virtudes como serían la agilización de la actividad, un interrogatorio más vivo, un menor índice de suspensiones, una mayor

---

130 La expresión en RICHARD GONZÁLEZ, M. (2020), *op. cit.*, p. 5/19.

131 FONS RODRÍGUEZ, C. (2008), "La videoconferencia en el proceso civil (la telepresencia judicial)", en CARPI, F.; ORTELLS RAMOS, M. (Eds.), *Oralidad y escritura en un proceso civil eficiente*", *Vol. II. Comunicaciones*, Valencia, Universitat de València, p. 54. En esa misma línea de ahorro en tiempo y dinero, FERNÁNDEZ-FIGARES MORALES, M.ª J. (2021), *op. cit.*, p. 40; CABEZUDO BAJO, M.ª J. (2020), *op. cit.*, p. 20; CALAZA LÓPEZ, J. (2020), *op. cit.*, p. 9/20; LOREDO COLUNGA, M. (2020), *op. cit.*, p. 9/16; LOZANO GAGO, M.ª L. (2020), *op. cit.*, p. 2/10; MAGRO SERVET, V. (2020-a), *op. cit.*, p. 11/12; SALOM LUCAS, A. (2021), *op. cit.*, p. 4/6; GUERRA GONZÁLEZ, R. (2021), *op. cit.*, p. 3/18; RAYÓN BALLESTEROS, M.ª C. (2022), *op. cit.*, p. 194.

comodidad de los intervinientes, la optimización de recursos o una superior tranquilidad y serenidad[132]. Igualmente, también se ha señalado una previsible reducción de las pruebas a practicar, así como una mayor exigencia de los tribunales en su admisión o una cierta síntesis de los alegatos, lo que conduciría a una menor duración de las vistas, o el impulso a la publicidad del procedimiento[133].

36.2. Aun así, como decía, la videoconferencia también había sido objeto de críticas y posicionamientos en contra[134]. En esta línea, sus detractores venían imputando a la misma un conjunto de problemas relacionados, especialmente, con la disponibilidad de los equipos, la compatibilidad de los sistemas, la interrupción de las conexiones, la baja calidad de la imagen y el sonido, su ausencia de sincronía o la eventual falta de integridad en la grabación, llegando, incluso a cuestionar el ahorro de tiempo dadas las distintas vicisitudes anómalas que pueden sucederse[135]. Unos déficits que también habían puesto de relieve los propios defensores, añadiendo a los anteriores la carencia de aptitudes digitales de muchas personas, el riesgo de ciberataques o las pocas garantías respecto la intangibilidad de la prueba[136].

37. En todo caso, si bien se mira, en su mayoría se trata de críticas de corte técnico, en gran medida vinculadas

---

132 VELASCO NÚÑEZ, E. (2002), "La videoconferencia llega a los juzgados", *Diario La Ley*, nº 5481, pp. 1786-1788.

133 GARCÍA SANZ, J.; GONZÁLEZ GUIMARAES DA SILVA, J. (2020), *op. cit.*, pp. 4-6/50.

134 TUSET VARELA, D. (2020), *op. cit.*, p. 2/9; RICHARD GONZÁLEZ, M. (2020), *op. cit.*, pp. 5 y ss.; VÉLEZ TORO, A. J. (2021), *op. cit.*, p. 8/15; CARDONA FERNÁNDEZ, A. M. (2021), *op. cit.*, p. 2/4; LÓPEZ HORMEÑO, M.ª C. (2021), *op. cit.*, p. 28.

135 TORRES ROSELL, N. (2020), "Medidas ¿organizativas y tecnológicas? aprobadas en el RDL 16/2020", *Diario La Ley*, 2020, nº 9647, p. 4/12.

136 TIERNO BARRIOS, S. (2019), *op. cit.*, p. 122; GARCÍA SANZ, J.; GONZÁLEZ GUIMARAES DA SILVA, J. (2020), *op. cit.*, pp. 6-8/50; CARDONA FERNÁNDEZ, A. M. (2021), *op. cit.*, p. 2/3; RAYÓN BALLESTEROS, M.ª C. (2022), *op. cit.*, p. 194.

a las circunstancias concurrentes durante la pandemia, a las que luego aludiré y que suelen tener solución. En otras palabras, a mi juicio, no creo que el sistema sea rechazable «jurídicamente».

37.1. Y es que, en el fondo, lo que se aprecia es lo que se ha dado en llamar el «prejuicio del *statu quo*»[137], esto es, un rechazo o «resistencia» al cambio, un «miedo» al mismo[138], pues, como ya he destacado en líneas anteriores, resulta notoria la tendencia entre los profesionales del Derecho a «perpetuar actitudes y modos de operar tradicionales»[139], cuando lo que se requiere es una «mentalidad abierta», no solo entre los operadores jurídicos, sino también en todo el tejido social[140]. En este sentido, la doctrina especializada alude a la concurrencia de tres grandes prejuicios que resulta necesario superar de entrada, el ya indicado del *statu quo*; por otro, el «negacionismo irracional», es decir, el férreo rechazo al sistema con el que se es muy crítico a pesar de no haber tenido ninguna experiencia con el mismo; por último, la «miopía tecnológica», esto es, la incapacidad de anticipar que los sistemas del mañana serán enormemente más capaces que los actualmente existentes[141].

37.2. No obstante, desde algunos sectores especializados, tanto profesionales como doctrinales, sí que se ha cuestionado el respeto a ciertos principios procesales hasta el punto de que algunos autores han llegado a hablar de una «aniquilación de los principios del proceso»[142]; unos

---

137 SUSSKIND, R. (2020), *op. cit.*, p. 67.

138 La expresión en SUSSKIND, R. (2020), *op. cit.*, p. 67; LOZANO GAGO, M.ª L. (2020), *op. cit.*, p. 2/10; asimismo, *vid.* GARCÍA SANZ, J.; GONZÁLEZ GUIMARAES DA SILVA, J. (2020), *op. cit.*, p. 8/50; MAGRO SERVET, V. (2020-a), *op. cit.*, p. 2/12.

139 PÉREZ-LUÑO ROBLEDO, E. C. (2019), *op. cit.*, p. 57.

140 PÉREZ-LUÑO ROBLEDO, E. C. (2019), *op. cit.*, p. 57.

141 SUSSKIND, R. (2020), *op. cit.*, pp. 67 y ss.

142 TUSET VARELA, D. (2020), *op. cit.*, p. 2/9. Tampoco cree que se respeten VÉLEZ TORO, A. J. (2021), *op. cit.* pp. 8-11/15. Por su parte, de una forma más matizada, LÓPEZ HORMEÑO, M.ª C. (2021), "Principio de igualdad y tutela judicial efectiva sin indefensión en el proceso social, en especial, en el acto del juicio: puntos críticos y

principios que, por lo demás, siempre deberían quedar garantizados[143].

4.3. El debate sobre el respeto a los principios del proceso y del procedimiento

38. Ello conduce a la necesidad de detenerse en el análisis de tales principios y comprobar hasta qué punto se ven comprometidos por el desarrollo de las actuaciones procesales, total o parcialmente, por medio de videoconferencia. La doctrina ha tratado con profusión este tema, bien prestando atención a algún principio en específico, bien a todos ellos de forma sistemática[144], siendo este segundo tipo de acercamiento, seguramente, el más adecuado. Así pues, desde dicho enfoque, resulta necesario diferenciar entre los principios inherentes al proceso o jurídico naturales y los principios del procedimiento. En todo caso, lo anuncio ya, yo no creo que se vean comprometidos ni unos, ni otros; o al menos, no necesariamente[145]. Una cosa distinta es que, en el caso concreto, pueda producirse tal vulneración, pero se trata de una eventualidad que también puede acontecer en un proceso presencial. Por lo demás, la opinión viene

---

propuestas de reforma", *Cuadernos Digitales de Formación*, nº 38, p. 28 o SALOM LUCAS, A. (2021), *op. cit.*, p. 5/6, quien considera que se ven reducidos, pero no vulnerados.

143 Entre otros, TIERNO BARRIOS, S. (2019), *op. cit.*, p. 123; GÓMEZ ESTEBAN, J. (2020), *op. cit.*, p. 4/12; MARTIN DIZ, F. (2020), *op. cit.*, p. 53; SALOM LUCAS, A. (2021), *op. cit.*, p. 6/6; VÉLEZ TORO, A. J. (2021), *op. cit.*, p. 9/15.

144 Un exponente de análisis sistemático y pormenorizado en BARONA VILAR, S. (2021), *op, cit.*, pp. 391 y ss.; FERNÁNDEZ FIGARES MORALES, A. (2021), *op. cit.*, pp. 32 y ss.; SANCHIS CRESPO, C. (2022), *op. cit.*, pp. 375 y ss.

145 En este sentido, entre otros, CABEZUDO BAJO, M.ª J. (2020), *op. cit.*, pp. 24 y ss.; ABELLÁN ALBERTOS, A. (2020), *op. cit.*, p. 3/23; MAGRO SERVET, V. (2020-a) y (2020-b), *op, cit.*, pp. 11/12 y 5-6/8, respectivamente; LOZANO GAGO, M.ª L. (2020), *op. cit.*, p. 5/10; BARONA VILAR, S. (2021), *op. cit.*, pp. 390 y ss.

avalada tanto por la jurisprudencia del TEDH como por la del TS[146].

4.3.1. El respeto a los principios jurídico-naturales

39. Por lo que respecta a los primeros, esto es, los principios inherentes al proceso, también denominados principios jurídico-naturales, el debate se ha centrado especialmente en el principio de contradicción y en el principio de igualdad.

39.1. El significado del primero se condensa en el aforismo «nadie puede ser condenado sin haber sido previamente oído y vencido en juicio». Este simple enunciado, según ha recordado la doctrina, alberga dos aspectos diversos por un lado, que las partes puedan conocer los materiales de hecho y derecho que puedan incidir en la decisión; por otro, la posibilidad real de ser oído en juicio y poder formular alegaciones, prueba y conclusiones[147].

A) Pues bien, si nos situamos en la faceta de conocer la totalidad de materiales de hecho y de derecho que puedan influir en la solución del asunto, la introducción de las vistas telemáticas en el proceso social de forma que se garanticen los eventuales principios implicados debería ir acompañado de un conjunto de modificaciones adicio-

---

[146] STEDH de 5 de octubre de 2006, causa Marcello Viola contra Italia y STS (sala segunda) de 27 de junio de 2019, nº 331.

[147] Así lo señalan, entre otros, MONTERO AROCA, J. (1991), *Derecho Jurisdiccional-I. Parte General*, 2ª edición, Barcelona, José M.ª Bosch, p. 498; DE LA OLIVA SANTOS, A. (2004-a), "Los principios del proceso", en DE LA OLIVA SANTOS, A.; DÍEZ-PICAZO GIMÉNEZ, I.; VEGAS TORRES, J., *Derecho Procesal. Introducción,* Madrid, Editorial Ramón Areces, p. 57; BARONA VILAR, S. (2021), *op. cit.*, p. 407; SANCHIS CRESPO, C. (2022), *op. cit.*, pp. 376-377. Igualmente, en la doctrina laboral, RODRÍGUEZ-PIÑERO Y BRAVO-FERRER, M. (1969), "Sobre los principios informadores del proceso de trabajo", *Revista de Política Social*, nº 81, p. 24; LUELMO MILLÁN, M. A.; RABANAL CARBAJO, P. (1999), *Los principios inspiradores del proceso laboral*, Madrid, Mac Graw-Hill, pp. 12 y ss.

nales. Y no me refiero solo a ciertos cambios accesorios, relacionados con los «comportamientos» o «prácticas» en sala[148], como pueden ser la extensión de las alegaciones, las pruebas propuestas, la práctica de la misma, etc., sino, sobre todo, a la conveniencia de que se aporte con la antelación suficiente toda la documentación oportuna que sirva de soporte a la demanda, así como una contestación escrita a la misma acompañada también de la totalidad de la documentación que se quiera hacer valer o, en su caso, introducir una suerte de audiencia previa, como sucede en el proceso civil ordinario o en algunos modelos de derecho comparado como el italiano o el chileno[149], en la que se realice la proposición de prueba y se proporcionen todos los documentos[150]. Este tipo de medidas, a las que ya me he

---

148 Entre otros, MARTÍNEZ DE SANTOS, A. (2021), "La videoconferencia en el juicio civil ¿un avance o un impulso precipitado?", *Diario La Ley*, nº 9805, p. 4/12.

149 Al respecto, en cuanto al primero, sirva de ejemplo, el art. 416 del *Codice di Procedura Civile* que, al regular la intervención del demandado en juicio, previene que dicho sujeto debe presentar una memoria en la secretaría del tribunal con diez días de antelación a la vista, en la que expondrá todas aquellas excepciones procesales y de fondo de las que quiera valerse que no sean controlables de oficio, sus alegaciones, la propuesta de los medios de prueba y, en su caso, la eventual reconvención; en cuanto al segundo, el art. 452 del Código del Trabajo chileno impone una contestación por escrito a la demanda, la cual se valora como un gran avance en seguridad, sin que se haya cuestionado la vulneración de los principios de oralidad y celeridad, pues se arguye que la vigencia de tales principios nunca es absoluta, sino que se trata de comprender las ventajas que cada forma puede aportar para cada acto. Al respecto, en el caso italiano, me remito a MASSIMIANI, C. (2016), "Costituzione del convenuto", en ROMEO, C. (a cura di), *Processo del Lavoro. Commento sulle norme del codice di rito, delle leggi speciali e analisi tematiche delle tutelle giurisdizionali*, Turín, G. Giappichelli Editore, pp. 99 y ss; para el modelo chileno, a PALOMO VÉLEZ, D. (2021), "Procedimiento de aplicación general", en CORTEZ MATCOVICH, G.; DELGADO CASTRO, J.; PALOMO VÉLEZ, D. (2021), *Proceso laboral*, Santiago de Chile, Thomson-Reuters, p. 135.

150 Al respecto, *vid.*, DE LAMO RUBIO, J. (2018-b) y (2021), *op. cit.*, pp. 6/11 y 12/15, respectivamente; GÓMEZ ESTEBAN, J. (2020), *op. cit.*, p. 7/12; SAN CRISTÓBAL VILLANUEVA, J. M. (2020), *op. cit.*, p. 18/31; SERRANO ESPINOSA, G. M. (2023), *op. cit.*, p. 3/9.

referido con anterioridad (*supra*, 16.2), suelen encontrar una gran oposición desde la perspectiva de los principios de celeridad y concentración que deben alumbrar el proceso laboral[151]. No obstante, en términos de consecución de la justicia y evitar que se pueda producir la indefensión de alguna de las partes, resultan acertadas, de una manera muy marcada ante un eventual proceso telemático. Y, en cualquier caso, la concentración y la celeridad, al margen de valorarse en conjunto, no dependen solo de las «fases», sino de los plazos y, sobre todo, de los medios personales de los que se disponga[152].

B) Por lo que respecta a la segunda faceta, la STS (penal) de 27 de junio de 2019 ha defendido que el cumplimiento de este principio está plenamente asegurado, por cuanto «*...las posibilidades de interrogatorio y contrainterrogatorio son exactamente iguales para las partes con la presencia física del acusado o del testigo que con la virtual. Es cierto que colocar al testigo inmerso en la parafernalia formal de la justicia, en cuanto aumenta la tensión o presión ambiental, es un método para asegurar que se aproxima más a la verdad en su declaración, mientras que en un lugar remoto podría hacerle disminuir la importancia de la situación, o hacerle sentir más seguro. Pero también puede argumentarse justamente lo contrario muchas veces los medios electrónicos pueden revelar más acerca de la credibilidad y honestidad de un testigo que lo que puede descifrarse físicamente y en directo (puede visualizarse varias veces el testimonio, desde diferentes ángulos, puede aumentarse la imagen, etc.)*».

A pesar de que esta sentencia, como gran parte de la doctrina que empleo en este trabajo, proceda del ámbito penal, en la medida en que el significado de los principios en juego es coincidente en los distintos órdenes jurisdiccio-

---

151 LÓPEZ HORMEÑO, M.ª C. (2021), *op. cit.*, p. 28.

152 VÁZQUEZ SOTELO, J. L. (2008), “La oralidad y la escritura en el moderno proceso civil español y su influencia sobre la prueba”, en CARPI, F.; ORTELLS RAMOS, M. (Eds.), *Oralidad y escritura en un proceso civil eficiente, Vol. II. Comunicaciones*, Valencia, Universitat de València, p. 263.

nales y, supuestamente, se espera que las garantías procesales penales sean más rigurosas que en los órdenes restantes, considero que se pueden tomar como referente en el proceso laboral. Por lo demás, una vez aclarada esta cuestión, el riesgo de contravención se podría materializar, por ejemplo, si fallan las conexiones, pero eso es un problema técnico que no presenta un carácter irresoluble.

En todo caso, la eventual alegación al respecto persiguiendo la nulidad de las actuaciones, para que prospere deberá haber generado indefensión y haberse protestado, como recuerdan los tribunales[153].

39.2. Tampoco creo que el principio de igualdad se vea comprometido. Y es que, éste tiene como principal implicación la necesidad de reconocer a ambas partes los mismos derechos, cargas y posibilidades[154], por lo que no parece que vaya a generar grandes problemas satisfacer su cumplimiento. No obstante, debe recordarse que el ordenamiento laboral es un ordenamiento compensador; y ese papel tuitivo, propio de las normas laborales sustantivas, se deja sentir también en el proceso. Así, se debe ser especialmente cuidadoso a la hora de garantizar los medios y conocimientos oportunos a ambas partes para hacer efectivo el derecho de defensa[155]. Algo de ello había en la normativa de urgencia dictada durante la pandemia con alcance general, como se ha recordado anteriormente (art. 14.5 Ley 3/2020, de 18 de septiembre); y mucho antes, también en la propia LUTICAJ de 2011 (arts. 4 y ss.), con alcance no circunscrito al proceso social.

EL RDL 6/2023, de 19 de diciembre, discurre por dicha senda y, según ya se ha indicado (*vid. supra*, 17.1), amplía los derechos reconocidos en la LUTICAJ que pueden permitir luchar contra la brecha digital, concretamente, las

---

153 SAP Valladolid de 31 de marzo de 2021.

154 Entre otros, MONTERO AROCA, J. (1991), *op. cit.*, p. 502; DE LA OLIVA SANTOS, A. (2004-a), *op. cit.*, p. 60.

155 En esta línea, con carácter general, BARONA VILAR, S. (2021), *op. cit.*, p. 409.

previsiones contenidas en los arts. 4 y 5 constituyen una actualización de los mencionados derechos en sentido expansivo.

Asimismo, en esta línea de adoptar medidas que procuren evitar la brecha digital en la ciudadanía, debe destacarse el art. 103, número diecisiete del RDL 6/2023, de 19 de diciembre, ya que en el marco del novedoso art. 129 bis LEC (*Celebración de actos procesales mediante presencia telemática*), incorporado por la reforma, se incluye un apartado quinto de conformidad con el cual se persigue la adopción de las medidas necesarias para asegurar que en el uso de métodos electrónicos queden garantizados los derechos de todas las partes, de manera especial, el derecho a la asistencia letrada efectiva, a la interpretación y traducción y a la información y acceso a los expedientes judiciales.

Y en esa misma dirección encaminada a luchar contra una posible brecha digital se mueve la previsión contenida en el 137.bis.6 LEC introducida por el art. 103, número diecinueve, RDL 6/2023, de 19 de diciembre, donde se alude a que las actuaciones mediante videoconferencia garanticen la accesibilidad universal.

4.3.2. El respeto a los principios del procedimiento

40. Una vez superado este primer bloque de reparos relacionados con el eventual respeto a los principios jurídico naturales o inherentes al proceso, en el caso de los principios del procedimiento la conclusión podría ser la misma, si bien ha suscitado un mayor debate doctrinal, especialmente en el caso de la inmediación, la publicidad y la oralidad, pero no solo.

40.1. En primer lugar, si nos detenemos en el principio de inmediación, éste se asocia con la inexistencia de cuerpos intermedios entre el objeto litigioso y la actividad judicial, singularmente, que el sujeto que practique la prueba sea el mismo que haya de resolver[156]. La mayor parte de la doctrina consultada considera que se respeta[157], si bien propugnan una recalificación del principio, pasando de la inmediación presencial física a la inmediación presencial virtual[158].

Los posicionamientos críticos o contrarios suelen invocar la STC 120/2009, de 18 de mayo, en defensa de su postura[159]. Sin embargo, a mi juicio, tal sentencia no sirve de fundamento a estos fines, pues lo que resuelve es algo

---

156 En este sentido, *vid.* CHIOVENDA, G. /1923), *Principii di Diritto Processuale Civile. Il proceso di cognizione*, 3ª edición, Nápoles, N. Jovene N. C. (1ª edición: 1906), p.p. 684 y 720 y ss.; CARNELUTTI, F. (1926), *Lezioni Di Diritto Processuale Civile. Volume Terzo. La funzione del processo di cognizione*, Padua, La Litotipo Casa Editrice, pp. 180 y ss.; RODRÍGUEZ-PIÑERO Y BRAVO-FERRER, M. (1969), *op. cit.*, p. 58; MONTERO AROCA, J. (1991), *op. cit.*, p. 538; LUELMO MILLÁN, M.; RABANAL CARBAJO, P. (1999), *op. cit.*, p. 101; VALLE MUÑOZ, F. A. (1999), "Los principios rectores del proceso laboral: manifestaciones en la LPL y tratamiento jurisprudencial", *Aranzadi Social*, Tomo V, p. 504; DE LA OLIVA SANTOS, A. (2004-b), "Estructura y formas básicas del proceso", en DE LA OLIVA SANTOS, A.; DÍEZ-PICAZO GIMÉNEZ, I.; VEGAS TORRES, J., *Derecho Procesal. Introducción*, Madrid, Editorial Ramón Areces, p. 83; ALEMAÑ CANO, J. (2008), *op. cit.*, pp. 127-128; CABEZUDO RODRÍGUEZ, N. (2008), "Aproximación a la teoría general sobre el principio de inmediación procesal. De la comprensión de su trascendencia a la expansión del concepto", en CARPI, F.; ORTELLS RAMOS, M. (Eds.), *Oralidad y escritura en un proceso civil eficiente. Vol. II. Comunicaciones*, Valencia, Universitat de València, pp. 317 y ss.

157 MARTIN DIZ, F. (2020), *op. cit.*, p. 44; CALAZA LÓPEZ, S. (2020), *op. cit.*, p. 9/20; BARONA VILAR, S. (2021), *op. cit.*, p. 402. Por su parte, de forma matizada, GUERRA GONZÁLEZ, R. (2021), *op. cit.*, pp. 5-7/8, sostiene que no se vulnera la inmediación «procesal», pero sí la «sentimental».

158 MARTIN DIZ, F. (2020), *op. cit.*, pp. 51 y 53; FERNÁNDEZ-FIGARES MORALES, M.ª J. (2021), *op. cit.*, p. 37; GARCÍA-VARELA IGLESIAS, R. (2021), *op. cit.*, p. 4/13; SANCHIS CRESPO, C. (2022), *op. cit.*, p. 384. En sentido diverso, SALOM LUCAS, A. (2021), *op. cit.*, p. 5/6, considera que se ve «reducida».

159 GASCÓN INCHAUSTI, F. (2021), *op. cit.*, p. 395; VÉLEZ TORO, A. J. (2021), *op. cit.*, p. 9/15; PRENDES VALLE, M.ª C. (2022), "Algunas reflexiones sobre los juicios telemáticos", *Revista El Derecho-Lefebvre*, 13 de enero de 2022. Asimismo, en esta línea crítica, RICHARD GONZÁLEZ, M. (2020), *op. cit.*, p. 9/19.

bien distinto la revisión de los hechos declarados probados a través de la videograbación de la vista, donde, efectivamente, la inmediación no quedaría garantizada, ya que no se produce un contacto directo entre el juzgador y el objeto litigioso o el material probatorio, singularmente, no puede participar en los interrogatorios.

Por el contrario, sí que resulta útil la STS (penal) de 27 de junio de 2019, pues alude expresamente a esta cuestión y lo hace rechazando que se produzca vulneración alguna del principio, ya que «*la utilización de la videoconferencia, lejos de suponer un obstáculo para la inmediación, permite un mejor cumplimiento de este principio, en cuanto posibilita que el Juez o Tribunal que conoce del asunto presencie directamente la práctica de la prueba, en los casos de auxilio judicial, tanto nacional como internacional*». El hecho de que haya sido dictada en un orden jurisdiccional distinto al aquí estudiado no le resta valor, pues el significado de los principios no difiere en una sede penal o social. Otra cosa sería su eventual concreción, donde sí cabría apreciar diferencias; pero, en el terreno del significado atribuible en general, las afirmaciones son «exportables».

40.2. El segundo principio cuyo respeto se ha cuestionado fuertemente es el principio de publicidad[160]. Y, sin embargo, más parece lo contrario[161]; de hecho, algún autor ha destacado que la videoconferencia tiene una gran potencialidad para satisfacer este principio de forma más incisiva que las vistas con presencia física[162]. Esta misma orientación se aprecia en el TS. Así, la STS (penal) de 27 de junio de 2019 ha negado que se vea afectada, afirmando que «*más bien pueden mejorar las condiciones de publicidad de las actuaciones judiciales, en cuanto las nuevas tecnologías garantizan la "asistencia" a las actuaciones judiciales de un número*

---

160 Así, por ejemplo, RICHARD GONZÁLEZ, M. (2020), *op. cit.*, p. 8/19.

161 MARTIN DIZ, F. (2020), *op. cit.*, p. 44.

162 GUERRA GONZÁLEZ, R. (2021), *op. cit.*, p. 10/18.

mayor de personas y permite seguimiento especializado (prensa) en mejores condiciones».

Las soluciones que arbitra el RDL 6/2023, de 19 de diciembre, aparecen fundamentalmente condensadas en el art. 66, donde se diferencian dos posibilidades en cuanto a los actos de juicio, vistas y otras actuaciones que requieran de audiencia pública la primera consiste en que todos los intervinientes participen telemáticamente, siempre que el órgano cuente con los medios precisos y se cumplan una serie de medidas de seguridad, en cuyo caso el principio queda garantizado por la retransmisión pública de la vista de acuerdo con las indicaciones del Comité Técnico Estatal de la administración judicial electrónica; la segunda consiste en que no todos participen por vía telemática, en cuyo caso la publicidad se garantiza por el acceso a la sala de vistas, siendo admisible en tales casos que se decida la no retransmisión. Al margen de lo anterior, la preocupación por garantizar la publicidad de las actuaciones se lleva también a la LEC. En este sentido, el nuevo art. 137 bis LEC que introduce el número diecinueve del art. 103 RDL 6/2023, de 19 de diciembre, impone expresamente el deber del tribunal de velar por el cumplimiento del principio de publicidad, acordando las medidas que sean necesarias para que las actuaciones procesales que sean públicas y se celebren por este medio sean accesibles a los ciudadanos.

En todo caso, aun compartiendo en línea de principio la idea de que las vistas telemáticas no suponen una vulneración de la publicidad, no es menos cierto que las videoconferencias acarrean desde esta perspectiva dos grandes peligros que no han pasado inadvertidos para la doctrina por un lado, el alto riesgo de que no se preserve la intangibilidad de la prueba; por otro, la posible vulneración de la intimidad, dignidad y protección de datos[163].

---

163 FERNÁNDEZ-FIGARES MORALES, M.ª J. (2021), *op. cit.*, pp. 50 y ss. Asimismo, el primero en ABELLÁN ALBERTOS, A. (2020), *op. cit.*, pp. 8-11/23; el segundo en GARCÍA SANZ, J.; GONZÁLEZ GUIMARAES DA SILVA, J. (2020), *op. cit.*, p. 21/50.

A) Por lo que respecta al primero de los riesgos reseñados, a mi juicio, todo dependerá del modo en que se articule la vista. En efecto, la interacción publicidad-intangibilidad repercute especialmente en la práctica de la prueba de interrogatorio de parte y de testigos, así como en la pericial[164]. Pues, bien, al margen de lo «sobrevaloradas» que están dichas pruebas, vista su utilidad real[165] y los elevados «sesgos» a que queda expuesta[166], las críticas que se vierten suelen ser de tipo técnico, vinculadas a la tecnología que se emplea y al lugar en que se desarrollan los interrogatorios[167], siendo, además, en gran medida tributarias de la pandemia. Y todo ello tiene solución, tanto técnica, como jurídica, pues dependerá de los medios que se arbitren y de los lugares que se habiliten. Ambas cuestiones encuentran respuesta, como se ha visto, en el RDL 6/2023, de 19 de diciembre. Así, por un lado, destaca el art. 63 sobre los puntos de acceso seguros y los lugares seguros a los que ya me he referido (*supra*, 35.2). Por otro lado, hay que resaltar el art. 103, número diecinueve por el que se procede a la introducción de un nuevo art. 137 bis en la LEC, relativo al lugar en el que se desarrollarán las actuaciones judiciales mediante videoconferencia[168], de conformidad con el cual

---

164 El análisis detallado de estas cuestiones en SAN CRISTÓBAL VILLANUEVA, J. M. (2020), *op. cit.*, pp. 17 y ss.; LÓPEZ HORMEÑO, M.ª C. (2021), *op. cit.*, p. 29; MOLINS GARCÍA-ATANCE, J. (2021), *op. cit.*, pp. 5 y ss.; DE LA CASA QUESADA, S. (2023), *op. cit.*, pp. 138 y ss.

165 Al respecto, *vid.* el sugerente estudio de NIEVA FENOLL, J. (2020), "La discutible utilidad de los interrogatorios de testigos y peritos. Algunas reflexiones sobre la oralidad en tiempos de pandemia", *Diario La Ley*, nº 9672, 17 pp. Asimismo, en esa línea, *vid.*, SAN CRISTÓBAL VILLANUEVA, J. M. (2020), *op. cit.*, pp. 17 y ss./31.

166 Así, por ejemplo, TARUFFO, M. (2008), "Oralidad y escritura como factores de eficiencia en el proceso civil", en CARPI, F.; ORTELLS RAMOS, M. (Eds.), *Oralidad y escritura en un proceso civil eficiente, Vol. I. Ponencias generales e informes nacionales*, Valencia, Universitat de València, p. 213; MARTIN DIZ, F. (2020), *op. cit.*, p. 50, quien alude al influjo inconsciente de la vestimenta, presencia, forma de hablar, procedencia, sexo, etc.

167 Así, por ejemplo, LÓPEZ HORMEÑO, M.ª C. (2021), *op. cit.*, p. 28.

168 MAGRO SERVET, V. (2022), "Optimización del uso de la videoconferencia en la Ley de medidas de eficiencia procesal del servicio pú-

profesionales, partes, peritos y testigos que deban intervenir en la misma lo harán desde la oficina judicial del partido judicial de su domicilio o lugar de trabajo, admitiéndose que se pueda llevar a cabo también desde el juzgado de paz de su domicilio o lugar de trabajo en el caso de que dicho órgano disponga de los medios adecuados; es más, incluso, el nuevo art. 137.bis.3 LEC abre la posibilidad a que las intervenciones puedan efectuarse desde cualquier lugar en aquellos supuestos en que, atendiendo a las circunstancias concurrentes, el juez o la jueza lo consideren oportuno.

B) En cuanto al peligro de que se puedan verse vulnerados los derechos a la intimidad y a la protección de datos, la doctrina había destacado la necesidad de adoptar un conjunto de medidas que permitiesen evitar la posibilidad de grabar y difundir las vistas fuera de los cauces legales, tanto por medio de las oportunas advertencias, como de las eventuales sanciones correspondientes[169]. Y esta misma línea es la que se ha adoptado por el RDL 6/2023, de 19 de diciembre. En efecto, el art. 67 del citado RDL recoge la prohibición de grabar o registrar la vista a profesionales y particulares, así como la de usar las grabaciones para fines distintos a los que se permitió acceder; por otra parte, fija unas sanciones relevantes (entre 180 y 60.000 euros), sujetas a las previsiones de la LOPJ y para cuya imposición el órgano jurisdiccional tomará en consideración la intencionalidad, el perjuicio ocasionado y, en su caso, la reiteración de la conducta. Estas multas son compatibles con las responsabilidades civiles y penales, así como con las derivadas de la Ley de Protección de Datos.

40.3. En fin, un tercer bloque de principios del procedimiento cuyo respeto se ha cuestionado son los principios de oralidad, concentración y unidad de acto. Pues bien, no parece que ninguno de estos principios se vea comprome-

blico de justicia", *Práctica de los Tribunales*, nº 159.

169 Así, por ejemplo, LOREDO COLUNGA, M. (2020), *op. cit.*, p. 8/16; BUENO BENEDÍ, M. (2022), *op. cit.*, pp.10-11/22.

tido por la celebración telemática de las vistas[170]. Una cuestión distinta sería que concurriesen problemas técnicos que la impidiesen[171]. No obstante, ni siquiera en tales casos entiendo que pueda afirmarse que el sistema en sí mismo considerado sea contrario a los indicados principios, pudiéndose sortear tales inconvenientes simplemente por la vía de la suspensión de la vista, como puede suceder con aquellas que se celebran con presencialidad física. Por lo demás, la STS (penal) de 27 de junio de 2019, tantas veces citada a lo largo de este trabajo, alude al principio de concentración y unidad de acto que lo da por satisfecho pues la videoconferencia «*...permite la total conexión en los puntos de origen y destino como si estuvieran presentes en el mismo lugar*»; de hecho, los propios términos empleados en el art. 229.3 LOPJ constituyen una garantía de ese cumplimiento.

5. LA REPERCUSIÓN EN MATERIA EJECUTIVA

41. Los avances tecnológicos y la digitalización no solo se han dejado sentir en la fase declarativa, sino también en la fase ejecutiva. Ahora bien, seguramente por sus características, las dificultades que surgen en este terreno sean sensiblemente inferiores. Así, desde el ámbito judicial se ha destacado que el elevado carácter técnico que acompaña al proceso ejecutivo, así como el hecho de que ya se encuentre digitalizado en muchas de sus fases, facilita la realización de las actuaciones telemáticas, en particular, en las ejecuciones dinerarias, pues otras generan las mismas dudas que surgen en el declarativo —así, por ejemplo, un incidente de no readmisión—[172]. Al margen de ello, las ejecuciones ordinarias no suscitan una especial problemá-

---

[170] CALAZA LÓPEZ, S. (2020), *op. cit.*, p. 9/20; BARONA VILAR, S. (2021), *op. cit.*, pp. 392 y ss.

[171] Al respecto, MARTIN DIZ, F. (2020), *op. cit.*, p. 44; FERNÁNDEZ-FIGARES MORALES, M.ª J. (2021), *op. cit.*, p. 39.

[172] SAN CRISTÓBAL VILLANUEVA, J. M. (2020), *op. cit.*, p. 24/31.

tica jurídica en este terreno y cuentan, desde hace tiempo, con una serie de mecanismos o instrumentos que favorecen enormemente su desarrollo. Al respecto, la doctrina científica ha destacado cómo el proceso ejecutivo brinda numerosos campos de actuación para la implantación de la automatización de decisiones y de las nuevas tecnologías, en especial, en lo relativo a la investigación y averiguación del patrimonio del deudor, pues facilitan no solo la localización del mismo, sino también su sistematización, separando los elementos del mismo que pertenecen al terreno de los embargable de aquéllos que se reputan inembargables[173].

41.1. En este sentido, de entrada, merece ser destacada la Cuenta General de Depósitos y Consignaciones (CDCJ). Estas cuentas son aquéllas que están a nombre de los órganos judiciales y cuya función se encamina a facilitar el proceso económico de los asuntos judiciales, poniendo a disposición de los ciudadanos los mecanismos necesarios para el cumplimiento de los compromisos dinerarios que puedan derivarse del proceso judicial. Asimismo, también sirven para la gestión de los mandamientos de pago y transferencias de pago a los ciudadanos. En fin, en la actualidad, tales cuentas han visto ampliadas sus posibilidades o utilidades hasta el punto de que los embargos de las cuentas bancarias y las devoluciones de Hacienda se traban y realizan telemáticamente en dicha aplicación.

41.2. Por otra parte, también debe aludirse al hecho de que las subastas, tanto judiciales como extrajudiciales, se realizan de forma electrónica, dándolas de alta en la misma aplicación de la CDCJ, que conecta con el Portal de Subastas y permite el envío de cualquier tipo de documentación, además del edicto que indica las condiciones generales y particulares de la subasta, como fotografías, informes pe-

---

173 NIEVA FENOLL, J. (2018), *Inteligencia artificial y proceso judicial*, Madrid, Marcial Pons, pp. 39 y ss.; BARONA VILAR, S. (2021), *op. cit.*, pp. 667 y ss.; GÓMEZ COLOMER, J. L. (2023), *El juez robot. La independencia judicial en peligro*, Valencia, Tirant lo Blanch, p. 137.

riciales, etc. Esta medida, introducida por la Ley 19/2015, de 13 de julio, debería facilitar una mayor participación de postores, el incremento de las pujas recibidas, así como dificultar los conciertos en orden a hacer quebrar la subasta.

41.3. En fin, por último, merece ser destacado el Punto Neutro Judicial, una red de servicios que proporciona a los órganos judiciales los datos necesarios en la tramitación judicial mediante accesos directos a aplicaciones y bases de datos del CGPJ, de organismos de la Administración General del Estado (Hacienda, TGSS, INSS, DGT...). Ello permite, entre otras cosas, acceder a los datos patrimoniales o domiciliarios de toda índole existentes en las distintas bases de datos de las AA.PP., lo que tiene una gran trascendencia para el desarrollo de la ejecución. Y es que, en general, la finalidad del Punto Neutro Judicial es facilitar y reducir los tiempos de tramitación, aumentar la seguridad y mejorar la satisfacción de los usuarios. Pues bien, así las cosas, el siguiente paso que augura la doctrina procesalista estudiosa de la materia será que los instrumentos basados en la inteligencia artificial puedan llevar a cabo la selección de los bienes, proceder a la afección de aquellos que se hubieran seleccionado, llevar a cabo la liquidación y realización de los mismos y, finalmente, ordenar el pago de la deuda al ejecutante[174].

42. Las novedades que pretendía introducir la reforma procesal que estaba en marcha antes de la disolución de las Cortes en mayo de 2023 no presentaban una gran incidencia en este terreno. Y es que, aunque el proyecto de Ley de Eficiencia Procesal preveía la inserción de ciertas modificaciones en el sistema de subastas regulado en la LEC, que venía funcionando desde la Ley 19/2015, de 13 de julio, con el objetivo de agilizarlo, en términos de incorporación de las tecnologías, lo cierto es que no incluía unos cambios de carácter extraordinariamente significativo[175], ni siquiera

---

174 NIEVA FENOLL, J. (2018), *op. cit.*, pp. 40-41; BARONA VILAR, S. (2021), *op. cit.*, p. 670.

175 ESCOURIDO PÉREZ-SINDÍN, J. M. (2021), *op. cit.*, pp 10 y ss.

algunas medidas contempladas en el Anteproyecto de Ley lo tenían. En todo caso, ninguna de estas orientaciones, ni las del proyecto ni las de anteproyecto, aparecen recogidas en el RDL 6/2023, de 19 de diciembre, pues, como tantas otras que se han quedado por el camino[176]; no obstante, ello no es óbice a mencionarlas, pues pudieran retomarse en el futuro.

42.1. Así, de entrada, una primera medida que podría haber tenido una repercusión agilizadora del procedimiento era la relativa a que el inicio del cómputo de los plazos para el pago del resto del precio y el traslado para la mejora de postura tuviese lugar de manera automática desde la fecha de cierre de la subasta cuando no cubriese los porcentajes mínimos, sin necesidad de dictar resolución alguna por parte del órgano judicial.

42.2. Una segunda medida de corte agilizador del procedimiento en el proyecto de Ley de Eficiencia Procesal que se estaba tramitando era la encaminada a imponer la obligación de realizar un intento de notificación personal al demandado que no se hubiese personado del decreto convocando a subasta, lo que reforzaría sus garantías en el proceso ejecutivo.

42.3. Una tercera medida con la que se procuraba acelerar el procedimiento ejecutivo se relacionaba con la reducción de los plazos concedidos para proceder al pago del resto del precio ofrecido en la subasta, reduciéndose los cuarenta días actuales a la mitad, esto es, a veinte.

42.4. En fin, por último, en aras a la consecución del mayor precio posible en la subasta, el proyecto de ley introducía en la LEC la previsión relativa a que el ejecutante que quisiera adquirir el bien objeto de subasta debería

---

[176] Así ha sucedido con diferentes preceptos de la LEC en materia ejecutiva cuya reforma se pretendía como, por ejemplo, los arts. 636, 640, 641, 642, 644, 645.1, 646, 647, 648, 649, 650, 651, 652, 653, 654, 655, 656, 657, 667, 668, 679 o 680, entre los que destacaban, por lo que aquí interesa, las previsiones afectantes a la subasta electrónica.

participar en la misma. Ahora bien, en la medida en que el art. 264 LRJS no se modificaba, en el ámbito laboral permanecía intacta la posibilidad de que el ejecutante pudiese adjudicarse el bien por el 30 % de su avalúo cuando la subasta se declarase desierta, si bien, desde ciertos sectores, se había indicado la conveniencia de ajustar la LRJS a la LEC en este punto[177].

6. UN RETO ADICIONAL ACTUACIONES AUTOMATIZADAS, PROACTIVAS Y ASISTIDAS

43. Las distintas manifestaciones de la digitalización de la justicia a las que se ha ido haciendo referencia hasta el momento, como la presentación telemática de escritos y documentos, la realización de las comunicaciones vía LexNET, la implantación del EJE, el desarrollo de las bases de datos jurídicas, la realización de algunas actuaciones procesales e, incluso, la propia vista o acto de juicio de manera enteramente telemática, así como la implantación del Punto Neutro Judicial y otras utilidades en materia ejecutiva, se han visto coadyuvadas en su expansión por el desarrollo de la inteligencia artificial.

6.1. La incorporación de la Inteligencia Artificial en la Administración de Justicia

44. Y es que las utilidades, reales y/o potenciales, que ésta presenta en el ámbito jurídico son muy numerosas y variadas, tanto, que hasta su presencia con frecuencia nos pasa «desapercibida»[178].

---

177 ESCOURIDO PÉREZ-SINDÍN, J. M. (2021), *op. cit.*, pp 10 y ss.

178 La expresión en NIEVA FENOLL, J. (2018), *op. cit.*, p. 165; en sentido parecido SANCHIS CRESPO, C. (2023), "Inteligencia artificial y decisiones judiciales: crónica de una transformación anunciada",

44.1. En efecto, de entrada, piénsese en el propio corrector de textos que empleamos cotidianamente o los diferentes buscadores de jurisprudencia, de trabajos doctrinales o de modelos de resolución y los avances que han experimentado en los últimos años, permitiendo un mejor almacenamiento y procesamiento de los datos obtenidos[179].

44.2. Asimismo, en este mismo sentido, cabe mencionar las distintas experiencias implantadas en la automatización de operaciones de gestión y tramitación que son puramente mecánicas[180].

44.3. Igualmente, cabe imaginar en su incorporación a la actividad probatoria, pues, aunque su virtualidad sería muy superior en un sistema en el que imperase la valoración legal de la prueba[181], no hay que desdeñar su utilidad en aquellos donde reina la libre valoración de la misma para distintas acciones[182], ya que la inteligencia artificial puede encontrar un relevante campo de actuación que va desde la propia admisión de pruebas hasta su práctica. Y es que algunas aplicaciones permiten calibrar las circunstancias de las declaraciones de las partes o testigos[183] o ana-

---

Scire, vol. 29, nº 2, p. 66, señala que se introduce de manera «paulatina, inadvertida e irregular».

179 NIEVA FENOLL, J. (2018), *op. cit.*, p. 14; BORRÁS ANDRÉS, N. (2019), "La verdad y la ficción de la inteligencia artificial en el proceso penal", en CONDE FUENTES, J.; SERRANO HOYO, G. (Dirs.), *La justicia digital en España y en la Unión Europea*, Barcelona, Atelier, p. 37; BARONA VILAR, S. (2021), *op. cit.*, pp. 381 y ss.; GÓMEZ COLOMER, J. L. (2023), *op. cit.*, pp. 130 y ss.

180 NIEVA FENOLL, J. (2018), *op. cit.*, pp. 24 y ss.; BORRÁS ANDRÉS, N. (2019), *op. cit.*, p. 37; BARONA VILAR, S. (2021), *op. cit.*, pp. 381 y ss.; GÓMEZ COLOMER, J. L. (2023), *op. cit.*, p. 134; SANCHIS CRESPO, C. (2023), *op. cit.*, pp. 67 y ss.

181 La reflexión aparece en distintos autores, entre otros, NIEVA FENOLL, J. (2018), *op. cit.*, p. 79; BORRÁS ANDRÉS, N. (2019), *op. cit.*, p. 35.

182 NIEVA FENOLL, J. (2018), *op. cit.*, p. 36 y pp. 79 y ss.; BARONA VILAR, S. (2021), *op. cit.*, pp. 587 y ss.; GÓMEZ COLOMER, J. L. (2023), *op. cit.*, p. 135.

183 NIEVA FENOLL, J. (2018), *op. cit.*, pp. 80 y ss.; BARONA VILAR, S. (2021), *op. cit.*, pp. 591-593; GÓMEZ COLOMER, J. L. (2023), *op. cit.*, pp. 262-264.

lizar los documentos presentados por las partes[184], siendo especialmente útiles en el terreno de los peritajes, donde presentan un gran potencial a la hora de determinar la valía tanto del sujeto emisor, como del informe que presenta, al facilitar la comprobación de sus méritos curriculares y la apreciación de la concurrencia de los criterios Daubert empleados para «medir» la calidad/fiabilidad de este tipo de pruebas[185].

44.4. En fin, más lejos aún de lo hasta ahora señalado, se abre un panorama en el que la tecnología supera la «automatización» de las decisiones y actividades y determina su propia «transformación»[186], de manera que los sistemas llegan a predecir los resultados de la actividad desarrollada por los órganos jurisdiccionales, tras el análisis de supuestos anteriores similares, el historial acumulado, los sujetos actuantes, etc., y proponer soluciones al conflicto planteado, en su totalidad o a alguna de las cuestiones derivadas, como puede ser, por ejemplo, la adopción de medidas cautelares, valorando la concurrencia del *periculum in mora*[187] o la apreciación de litispendencia, cosa juzgada, así como las decisiones sobre acumulación[188]; incluso, según algunos, cabe imaginar que en el futuro puedan llegar a adoptar las decisiones, aunque seguramente ésta debiera ser la «última frontera»[189].

45. En definitiva, las utilidades esperables de la inteligencia artificial en el terreno de la Administración de Jus-

---

184 NIEVA FENOLL, J. (2018), *op. cit.*, pp. 90 y ss.; BARONA VILAR, S. (2021), *op. cit.*, pp. 593-594; GÓMEZ COLOMER, J. L. (2023), *op. cit.*, p. 263.

185 NIEVA FENOLL, J. (2018), *op. cit.*, pp. 93 y ss.; BARONA VILAR, S. (2021), *op. cit.*, p. 593; GÓMEZ COLOMER, J. L. (2023), *op. cit.*, pp. 264 y ss.

186 SUSSKIND, R. (2020), *op. cit.*, pp. 55 y ss.

187 El tema ha sido tratado en profundidad por NIEVA FENOLL, J. (2018), *op. cit.*, pp. 61 y ss.; asimismo, vid BARONA VILAR, S. (2021), *op. cit.*, pp. 635 y ss.

188 NIEVA FENOLL, J. (2018), *op. cit.*, pp. 119-121.

189 La expresión en NIEVA FENOLL, J. (2018), *op. cit.*, p. 31.

ticia se mueven por tres senderos funcionales un tanto diversos[190].

45.1. Así, en primer lugar, estarían toda una serie de funciones de corte instrumental, donde aquélla puede facilitar la tramitación procesal mediante la automatización de distintas actuaciones.

45.2. Un segundo nivel vendría constituido por todos aquellos usos que, gracias al tratamiento de datos, brindan una «asistencia» en términos predictivos o propositivos a los operadores jurídicos, singularmente, a los abogados, a los graduados sociales y, por lo que aquí interesa, a los titulares de los órganos jurisdiccionales.

45.3. El tercer estadio vendría conformado por el recurso a la inteligencia artificial con un papel mucho más incisivo, atribuyéndole un rol decisional y, en cierto modo, sustitutivo del órgano jurisdiccional.

46. En conclusión, junto a la integración de todo este conjunto de manifestaciones tecnológicas en las distintas actuaciones judiciales y en la gestión procesal, también iremos avanzando en la robotización de las diferentes labores judiciales[191]. En efecto, se trata de una tendencia ya constatable en otros países más o menos próximos que conocen de algunas experiencias con diversos grados de implantación[192] y que abre unas cuestiones problemáticas de gran

---

190 Entre otros, GUZMÁN FLUJA, V. C. (2017), "Sobre la aplicación de la Inteligencia artificial a la solución de conflictos", en BARONA VILAR, S. (Coord.), *Justicia Civil y Penal en la era global*, Valencia, Tirant lo Blanch, pp. 106 y ss.; MARTIN DIZ, F. (2020), *op. cit.*, pp. 63; BARONA VILAR, S. (2021), *op. cit.*, pp. 547 y ss. Asimismo, las distintas utilidades también en SANCHIS CRESPO, C. (2023), *op. cit.*, pp. 67 y ss.

191 BARONA VILAR, S. (2021), *op. cit.*, p. 780.

192 El análisis de estas experiencias en, por ejemplo, ALLENDE PÉREZ DE ARCE, J. A. (2019), "Tribunales civiles en línea: una propuesta para introducirlos sin afectar al derecho a acceder a la justicia de quienes no están conectados a internet", *Revista Chilena de Derecho y Tecnología*, vol. 8, nº 1, pp. 185-206; ERCILLA GARCÍA, J. (2020), "Tribunales virtuales y procedimiento on line: solución de contin-

interés a las que habrá que dar respuesta en los años venideros[193].

47. Todo ello explica el grado de atención creciente dispensado a la materia por parte de la doctrina procesal, donde el incremento de los estudios sobre la incorporación y utilización de aplicaciones y sistemas de inteligencia artificial en el proceso ha sido muy notable en los últimos tiempos, seguramente potenciado también por las diferentes propuestas normativas existentes con repercusión en este terreno[194].

47.1. En este sentido, piénsese en la Propuesta de Reglamento del Parlamento Europeo y del Consejo, por el que se establecen normas armonizadoras en materia de inteligencia artificial (Ley de Inteligencia Artificial) y se modifican determinados actos legislativos de la Unión[195].

47.2. Asimismo, ya exclusivamente entre nosotros, el Proyecto de Ley de Eficiencia Digital, presentado en septiembre de 2022[196] contenía unas tímidas previsiones al respecto que han cristalizado en el libro primero del RDL 6/2023, de 19 de diciembre, en concreto, en los arts. 56 y ss.

---

gencia ante pandemias o evolución necesaria", *Revista de Trabajo y Seguridad Social. CEF*, nº 446, pp. 109-141; SUSSKIND, R. (2020), *op. cit.*, pp. 197 y ss.; BARONA VILAR, S. (2021), *op. cit*, pp. 646 y ss.; ABANTO REVILLA, C.; DUFFOÓ CALLIRGOS, D. (2023), "El futuro es hoy: el derecho procesal laboral y la necesaria implementación de la Inteligencia Artificial", *Laborem*, nº 28, pp. 81-103. Asimismo, de interés también el análisis sobre la plataforma europea en materia de consumo efectuado por HERNÁNDEZ MOURA, B. (2019), "La gestión digital de conflictos a través de la plataforma europea de resolución de litigios en línea", en CONDE FUENTES, J.; SERRANO HOYO, G. (Dirs.), *La justicia digital en España y en la Unión Europea*, Barcelona, Atelier, pp. 393-401.

193 GUZMÁN FLUJA, V. C. (2017), *op. cit.*, pp. 67-122; SUSSKIND, R. (2020), *Tribunales on line y la justicia del futuro*, Madrid, La Ley; BARONA VILAR, S. (2021), *op. cit.*, en especial, pp. 550 y ss.; GÓMEZ COLOMER, J. L. (2023), *op. cit.*, en especial, pp. 225 y ss.; SANCHIS CRESPO, C. (2023), *op. cit.*, pp. 76 y ss.

194 Así lo explica BORRÁS ANDRÉS, N. (2019), *op. cit.*, p. 31.

195 SEC (2021) 167 final.

196 BOCG 12 de septiembre de 2022.

6.2. *Los grandes temas de debate las funciones «sustitutivas»*

48. Esos estudios a los que he aludido anteriormente permiten identificar los grandes temas de debate que suscita el empleo de los sistemas de inteligencia artificial por parte de la Administración de Justicia, donde los aspectos más polémicos surgen al hilo de los mecanismos computacionales que asumen funciones sustitutivas de las encomendadas a los titulares de los órganos jurisdiccionales o, en otras palabras, la aceptación del llamado «juez robot».

48.1. Al respecto, por supuesto, se encuentra la cuestión relativa a la aptitud decisoria de la inteligencia artificial como si de un juez se tratase al cuestionarse su aptitud para razonar o motivar las decisiones[197]. Y es que, el proceso de adopción de decisiones judiciales es verdaderamente «complejo»[198], pues la actividad de juzgar consiste en una «combinación de conocimientos, formulación de hipótesis, uso de heurísticos y aplicación de las emociones para redondear la justicia del caso concreto»[199], apareciendo la decisión judicial como el resultado de una pluralidad de elementos en donde confluye la valoración de la prueba practicada, la argumentación que servirá de motivación al resultado alcanzado y una ponderación de los derechos concurrentes de las partes procesales y los principios procesales[200], siendo dudoso que la tecnología haya alcanzado tal grado de «emulación» del comportamiento humano[201].

---

197 El tema puede analizarse, entre otros, a través de NIEVA FENOLL, J. (2018), *op. cit.*, pp. 99 y ss.; BORRÁS ANDRÉS, N. (2019), *op. cit.*, p. 34; SUSSKIND, R. (2020), *op. cit.*, pp. 320 y ss.; BARONA VILAR, S. (2021), *op. cit.*, p. 585; GÓMEZ COLOMER, J. L. (2023), *op. cit.*, p. 145; SANCHIS CRESPO, C. (2023), *op. cit.*, pp. 78-79.

198 BARONA VILAR, S. (2021), *op. cit.*, p. 587.

199 NIEVA FENOLL, J. (2018), *op. cit.*, p. 58.

200 BARONA VILAR, S. (2021), *op. cit.*, pp. 625-626.

201 En un sentido más matizado se mueve SUSSKIND, R. (2020), *op. cit.*, pp. 322-323, quien niega que la Inteligencia Artificial pueda pensar o emocionarse como un juez, duda sobre la posibilidad de que pueda motivar una decisión, pero cree en la posibilidad de que dé respuestas como las que habitualmente se esperan de un juez. Asimismo, en esta línea de pensamiento matizado parece situarse,

48.2. En todo caso, al margen de esta cuestión, la cual presenta un notable cariz técnico y evidentes connotaciones a tratar desde el campo de la filosofía del derecho, a mi juicio, desde la perspectiva jurídico-procesal, las dudas más acuciantes son otras. Y no me refiero a los riesgos de «fosilización» de las decisiones judiciales derivados de la intervención de la inteligencia artificial con este propósito[202], sino a la propia admisibilidad de la utilización de estos mecanismos computacionales en la toma de decisiones que resuelvan conflictos jurídicos, pues resulta cuestionable que ello respete la conformación constitucional del poder judicial, así como los principios del proceso y del procedimiento.

6.2.1. Las fricciones con la conformación constitucional del Poder Judicial

49. En efecto, por lo que respecta a la primera perspectiva apuntada, no puede perderse de vista que el art. 117 CE atribuye la función jurisdiccional exclusivamente a los Juzgados y Tribunales determinados por las leyes; y que un atributo que acompaña de forma necesaria a los jueces y magistrados que integran tales órganos es, de conformidad con el mismo precepto, el de su independencia, así como su imparcialidad y responsabilidad. Pues bien, así las cosas, el art. 117 CE actúa como un impedimento insalvable a la

también, SANCHIS CRESPO, C. (2023), *op. cit.*, p. 79, quien, tras recoger las diferentes posturas doctrinales existentes al respecto, diferencia entre las que la autora considera motivaciones «automatizables» y las que no, es decir, entre las motivaciones que califica de «complejas» y aquellas otras que considera «sencillas y reiterativas», lo que se conoce como resoluciones de modelos estereotipados; pues bien, en ese espacio, a su juicio, considera que el juez robot puede ofrecer una decisión motivada.

202 A ello aluden, por ejemplo, autores como NIEVA FENOLL, J. (2018), *op. cit.*, p. 99 y SAN MIGUEL CASO, C. (2019), "Las técnicas de predicción judicial y su repercusión en el proceso", en CONDE FUENTES, J.; SERRANO HOYO, G. (Dirs.), *La justicia digital en España y en la Unión Europea*, Barcelona, Atelier, p. 43.

posibilidad de admitir que una inteligencia artificial pueda desarrollar labores de enjuiciamiento en sustitución de los jueces y magistrados, pues carece de la imprescindible legitimidad democrática que concurre en jueces y magistrados[203]. Asimismo, la asunción de funciones decisorias en la solución de los litigios por parte de sistemas computacionales resulta difícilmente compatible con los requerimientos de independencia, imparcialidad y responsabilidad que impone dicho precepto sobre los integrantes del poder judicial, aunque pudiese parecer lo contrario.

49.1. En este sentido, el punto de partida que hemos de adoptar es el relativo al significado que tiene la independencia judicial, el cual entronca con el sometimiento de los jueces y magistrados exclusivamente al imperio de la ley democráticamente aprobada, sin que sean admisibles eventuales injerencias externas de otros poderes u organismos que persigan someter a los primeros o influir en la actividad que los mismos desarrollan[204]. Así las cosas, en principio, cabría dudar sobre la posibilidad de que la inteligencia artificial pudiera verse «doblegada», pues su programación podría seguramente haber previsto y sorteado tales riesgos de injerencia con antelación al tiempo de ser configurada[205].

Ahora bien, como ha señalado la doctrina científica al abordar el estudio de estas cuestiones, que la máquina sea ajena a dichos riesgos no quiere decir que la persona en-

---

203 GÓMEZ COLOMER, J. L. (2023), *op. cit.*, pp. 189 y 221; MARTÍN PASTOR, J. (2023), "Retos de la justicia digital", en JIMÉNEZ CONDE, F.; BANACLOCHE PALAO, J.; GASCÓN INCHAUSTI, F. (Dirs.), *Logros y retos de la justicia civil en España*, Valencia, Tirant lo Blanch, pp. 626-627.

204 En este sentido, por ejemplo, GÓMEZ COLOMER, J. L. (2023), *op. cit.*, p. 209. Asimismo, sobre la problemática específica que el tema suscita en este terreno, *vid.*, CONDE FUENTES, J. (2023), "El juez robot y la independencia judicial", en JIMÉNEZ CONDE, F.; BANACLOCHE PALAO, J.; GASCÓN INCHAUSTI, F. (Dirs.), *Logros y retos de la justicia civil en España*, Valencia, Tirant lo Blanch, pp. 649 y ss.

205 GÓMEZ COLOMER, J. L. (2023), *op. cit.*, p. 217.

cargada de su programación lo sea[206]; en otras palabras, el programador se encuentra expuesto al concurso de tales injerencias.

Así pues, resulta imprescindible una correcta selección de los sujetos encargados de conformar las herramientas informáticas, así como un organismo de garantía[207]; en esta línea, se ha propugnado la necesidad de adoptar unas normas protocolo que cubriesen la función que desarrolla la normativa que regula el acceso a la función jurisdiccional, garantizando el tipo de máquina, quién la diseñó, el contenido de la misma y quién puede llegar a controlarla, así como mecanismos de fiscalización [208].

49.2. Por su parte, la imparcialidad aparece como una especie de dama de compañía de la independencia, actuando ésta como presupuesto de aquélla, si bien ambos cubren intereses y objetivos distintos[209]. Y es que, así como la independencia se predica en términos generales y opera *ad extra*, la imparcialidad se relaciona con el caso concreto y actúa *ad intra*, pues lo que persigue es garantizar que la persona encargada de enjuiciar no tenga un interés específico en el objeto del litigio y en su resultado. A tal fin, existen las causas de abstención y recusación, las cuales, si se analizan, se articulan sobre la base de influencias volitivas, positivas o negativas, concurrentes en el órgano jurisdiccional que pudiesen enturbiar su objetividad. A partir de tal entendimiento, lo cierto es que resulta complejo aceptar que pueda afectar a la máquina, por su falta de emociones,

---

206 SAN MIGUEL CASO, C. (2019), *op. cit.*, p. 44; BARONA VILAR, S. (2021), *op. cit.*, p. 658; GÓMEZ COLOMER, J. L. (2023), *op. cit.*, p. 217.

207 NIEVA FENOLL, J. (2018), *op. cit.*, pp. 121 y ss.; en esta línea, también, SANCHIS CRESPO, C. (2023), *op. cit.*, p. 80 y CONDE FUENTES, J. (2023), *op. cit.*, p. 660.

208 BARONA VILAR, S. (2021), *op. cit.*, p. 657; en esta línea, SANCHIS CRESPO, C. (2023), *op. cit.*, p. 80.

209 GÓMEZ COLOMER, J. L. (2023), *op. cit.*, p. 210; la diferencia también en SANCHIS CRESPO, C. (2023), *op. cit.*, p. 80.

al menos hoy por hoy[210]. Ahora bien, de manera similar a lo señalado respecto la independencia, que la máquina sea ajena a esas querencias y desapegos, no quiere decir que también lo sea su programador[211]; es más, incluso hay quien entiende que los riesgos son superiores, pues sobre el programador no pesa el férreo estatuto que disciplina la actividad de jueces y magistrados, ni tales individuos están sujetos a las causas de abstención y recusación que operan respecto jueces y magistrados[212]. En todo caso, a mi juicio, aun aceptando tales planteamientos, resulta difícil imaginar que en la práctica ese tipo de causas determinantes de la abstención o recusación puedan afectar al programador, precisamente por su vinculación al caso concreto[213].

49.3. En fin, la última exigencia constitucional a la que quiero aludir es la relativa a la responsabilidad de jueces y magistrados, algo que proclama el art. 117.1 CE y encuentra su desarrollo en los arts. 405 y ss. LOPJ, apareciendo como corolario de la independencia judicial. Y es que los miembros del poder judicial son independientes y actúan sujetos solamente al imperio de la ley, pero también son responsables de sus actuaciones y decisiones. Así las cosas, surge la duda de quién se responsabilizará de las decisiones proporcionadas por la inteligencia artificial, especialmente en los casos en que adopta un rol sustitutivo del juez humano[214]. Una cuestión que enlaza con otra que habrá que resolver también en el futuro como es la de su naturaleza jurídica y el eventual reconocimiento de una personalidad electrónica al robot[215].

---

210 NIEVA FENOLL, J. (2018), *op. cit.*, p. 131.

211 SAN MIGUEL CASO, C. (2019), *op. cit.*, p. 44; BARONA VILAR, S. (2021), *op. cit.*, p. 658; GÓMEZ COLOMER, J. L. (2023), *op. cit.*, p. 217.

212 GÓMEZ COLOMER, J. L. (2023), *op. cit.*, p. 212.

213 NIEVA FENOLL, J. (2018), *op. cit.*, p. 131.

214 Al respecto, *vid.* BARONA VILAR, S. (2021), *op. cit.*, pp. 388 y ss.; GÓMEZ COLOMER, J. L. (2023), *op. cit.*, pp. 283 y ss.

215 El tema aparece ampliamente tratado por GÓMEZ COLOMER, J. L. (2023), *op. cit.*, pp. 228 y ss., a quien me remito, pues recoge las

6.2.2. Las fricciones con los principios del proceso y del procedimiento

50. La utilización de mecanismos computacionales que asumen funciones sustitutivas de las encomendadas a jueces y magistrados no solo resulta problemática desde la perspectiva de la conformación constitucional del poder judicial, sino también desde el punto de vista del respeto a los principios del proceso y del procedimiento. Aunque la doctrina ha ofrecido un detenido estudio sobre la cuestión[216], las principales dudas han surgido en relación con unos aspectos muy concretos, como son los eventuales ataques al principio de contradicción o audiencia, en su vertiente de derecho de defensa, y el mantenimiento o abandono de la oralidad y sus principios consecuencia.

50.1. En relación con el primero, sabido es que el principio de contradicción o audiencia tiene como significado primigenio que nadie pueda ser condenado sin haber sido previamente oído y vencido en juicio, lo que implica el reconocimiento del derecho de acceso a los materiales de hecho y de derecho que puedan influir en la decisión judicial, con el claro objetivo de poder ejercitar su derecho de defensa. Pues bien, el hermetismo existente alrededor de los algoritmos empleados en la puesta en marcha de este tipo de sistemas computacionales genera la difícil aceptación de su uso sin comprometer el derecho señalado[217].

50.2. En cuanto al segundo, la doctrina ha destacado que el entorno virtual se desarrolla mejor con la escritura, pues facilita la labor de la máquina[218]. Ello podría hacer evolucionar el proceso hasta ahora conocido en el que impera la oralidad —y, con ella, la inmediación, concentración, ce-

---

diferentes posturas, así como las oportunas referencias doctrinales que las apoyan.

216 Por todos, BARONA VILAR, S. (2021), *op. cit.*, pp. 390 y ss.

217 Al respecto, NIEVA FENOLL, J. (2018), *op. cit.*, p. 139; SAN MIGUEL CASO, C. (2019), *op. cit.*, p. 44; BARONA VILAR, S. (2021), *op. cit.*, p. 408; GÓMEZ COLOMER, J. L. (2023), *op. cit.*, p. 170.

218 NIEVA FENOLL, J. (2018), *op. cit.*, p. 31.

leridad y publicidad— hacia un universo completamente distinto en el que reinase la escritura, así como sus principios consecuencia —mediación, dispersión, preclusión y secreto—. Sin embargo, yo no creo que este panorama constituya una consecuencia inevitable de la incorporación de la inteligencia artificial, pues cabe imaginar aplicaciones en las que la oralidad siga teniendo un rol prevalente, con independencia de que para ciertos aspectos puedan apoyarse en la escritura. En este sentido, no se olvide que los principios del procedimiento nunca se presentan de un modo absoluto, sino que se plantean como un predominio, pudiendo quedar preservada la oralidad si las principales actuaciones procesales se mantienen fieles al principio en cuestión. Por lo demás, un cambio que fuese más lejos, también exigiría una modificación constitucional, dada la relevancia que el art. 120 CE asigna a la oralidad.

51. El tratamiento cada vez más detallado ofrecido por la doctrina procesalista a esta temática contrasta con la atención dispensada a la cuestión desde la perspectiva del proceso laboral.

51.1. Así, aunque los laboralistas han abordado el tema de la inteligencia artificial en el ámbito de las relaciones laborales[219], no se han detenido en analizar las aristas que presenta la incorporación de estos sistemas en el proceso. Ciertamente, en este espacio específico, una gran parte de las cuestiones problemáticas pertenecen a la órbita de estudio de la teoría general del proceso y otras presentan caracteres comunes con las que se suscitan en otros ámbitos de la disciplina, como, por ejemplo, las decisiones automatiza-

---

219 Al respecto, *vid.* MERCADER UGUINA, J. (2017), *El futuro del trabajo en la era de la digitalización y de la robótica*, Valencia, Tirant lo Blanch; MERCADER UGUINA, J. (2022), *Algoritmos e inteligencia artificial en el derecho digital del trabajo*, Valencia, Tirant lo Blanch; TODOLÍ SIGNES, A. (2023), *Algoritmos productivos y extractivos. Cómo regular la digitalización para mejorar el empleo e incentivar la innovación*, Cizur Menor, Aranzadi.

das emanadas de la Inspección de Trabajo y que sí han sido objeto de estudio.

51.2. Aun así, no deja de resultar curioso, pues, precisamente, el primer programa piloto que existe un nuestro país se desarrolla en el terreno laboral. En efecto, ya entre las medidas incluidas en el plan de choque de 16 de junio de 2020 elaborado por el CGPJ se encontraba una, la 6.35, relativa a la «automatización y estereotipación de resoluciones habituales»; y, además, aparecía en el bloque de medidas organizativas y procesales, afectantes específicamente al orden social[220].

Así las cosas, el Acuerdo 7-8 de la Comisión Permanente del CGPJ de 10 de septiembre de 2020 aprobó la constitución de un grupo de trabajo encargado de elaborar la herramienta informática de modelos estereotipados de resoluciones jurisdiccionales en el orden social que permitiría satisfacer el objetivo propuesto en la medida 6.35 del Plan de choque[221].

El resultado son 94 modelos puestos a disposición del alumnado de la escuela judicial, los jueces en prácticas y los miembros de la carrera judicial a quienes se proporciona una herramienta informática de marcado carácter asistencial en la que encuentran una ayuda de gran valor para el desarrollo de sus cometidos. Así, si un miembro de la

---

[220] En efecto, se trata de la medida 6.35, que aparece en el Bloque 1 —medidas organizativas y procesales—, apartado B —medidas gubernativas/organizativas a impulsar por el CGPJ—, bloque 6 —bloque social—, y puede verse en la p. 8 del documento facilitado por el CGPJ, disponible en https://www.poderjudicial.es/cgpj/es/Poder-Judicial/Consejo-General-del-Poder-Judicial/Oficina-de-Comunicacion/Archivo-de-notas-de-prensa/El-Pleno-del-organo-de-gobierno-de-los-jueces-aprueba-el-plan-de-choque-del-CGPJ-para-la-reactivacion-tras-el-estado-de-alarma, última consulta 18 de septiembre de 2023.

[221] El contenido del acuerdo está disponible en https://www.poderjudicial.es/cgpj/es/Servicios/Acuerdos-del-CGPJ/Acuerdos-de-la-Comision-Permanente/Acuerdos-de-la-Comision-Permanente-del-CGPJ-de-10-de-septiembre-de-2020, última consulta18 de septiembre de 2023.

carrera judicial debe dictar una sentencia de despido por primera vez, tras seleccionar el tipo y subtipo de despido de que se trate, la aplicación le proporciona un modelo de sentencia, una estructura de la misma con el contenido que debe figurar como los hechos necesarios, las normas aplicables, la jurisprudencia relacionada con el caso, y los aspectos que deben aparecer en el fallo, que luego el usuario personaliza, rellenando, a partir del modelo proporcionado, los datos de hecho concretos y pudiendo añadir su propia fundamentación y, por supuesto, el fallo, ya que el modelo, obviamente, no es obligado ni vinculante[222].

6.3. La incidencia del RDL 6/2023, de 19 de diciembre

52. En este contexto, las previsiones presentes en el RDL 6/2023, de 19 de diciembre, sobre estas cuestiones son mucho más comedidas y contenidas de lo que inicialmente pudiera imaginarse. Y es que, no se trata —o, al menos, no en este momento— de la sustitución del juez por una inteligencia artificial, pero sí de su incorporación con distintos grados posibles de incidencia. Así, la reforma piensa en una inteligencia artificial que pueda proporcionar al juez una evaluación previa, facilitar la toma de decisiones o, incluso, llegar a ayudar en la adopción de las mismas. En efecto, el RDL 6/2023, de 19 de diciembre, destina el título III de su Libro primero (arts. 31 y ss.) a la «tramitación electrónica de los procedimientos judiciales»; una tramitación que, además, está «orientada al dato», según detallan los arts. 35 y ss. del RDL, siendo uno de los aspectos destacados en la exposición de motivos el relativo a las «actuaciones automatizadas, proactivas y asistidas», que se regulan en los arts. 56 a 58 del RDL[223].

---

222 MARTÍNEZ MOYA, J. (2021), *op. cit.*, p. 66.

223 Al respecto, con mayor detalle, MONTORO SÁNCHEZ, J. A. (2023), "Actuaciones judiciales automatizadas en el Proyecto de Ley de Eficiencia Digital del servicio público de justicia, en JIMÉNEZ CONDE, F.; BANACLOCHE PALAO, J.; GASCÓN INCHAUSTI, F. (Dirs.), *Lo-*

52.1. De entrada, por lo que respecta a las actuaciones automatizadas, éstas se definen por la norma como actuaciones procesales que ha producido un sistema de información adecuadamente programado sin necesidad de que intervenga una persona en cada caso singular. La norma prevé su uso en relación con las tareas repetitivas y automatizables que no requieren de interpretación jurídica como puede ser el numerado de expedientes, la remisión asuntos al archivo, la generación de copias, la comprobación de la representación o de la firmeza. Así, ciertas tareas que antaño exigían leer el dato, procesarlo y, finalmente, ejecutar la tarea, la orientación al dato permite hacerlas de forma automática. En este sentido, piénsese, por ejemplo, en el cálculo de un plazo o en el de las indemnizaciones tasadas. En todo caso, la norma se preocupa por el hecho de que estas actuaciones se puedan identificar como tales, trazar y justificar, así como por posibilitar que se puedan realizar de modo no automático e, incluso, deshabilitar, revertir o dejar sin efecto las realizadas.

52.2. Las actuaciones proactivas, por su parte, constituyen también actuaciones automatizadas, pero que permiten aprovechar la información incorporada en un expediente o procedimiento de una administración pública con un fin determinado para generar avisos o efectos directos a otros fines distintos, en el mismo o en otros expedientes, de la misma u otra administración. Así sucede, por ejemplo, con las notificaciones o avisos automáticos. Por lo demás, las posibilidades antes mencionadas relativas a que estas actuaciones se puedan identificar como tales, trazar y justificar, así como permitir su realización

---

gros y retos de la justicia civil en España, Valencia, Tirant lo Blanch, pp. 687-704; RICHARD GONZÁLEZ, M. (2023), "Las actuaciones judiciales automatizadas, proactivas y asistidas previstas en el Anteproyecto de Ley de Medidas de Eficiencia Digital de 2011 en el marco de la estrategia europea de desarrollo de la inteligencia artificial", en JIMÉNEZ CONDE, F.; BANACLOCHE PALAO, J.; GASCÓN INCHAUSTI, F. (Dirs.), *Logros y retos de la justicia civil en España*, Valencia, Tirant lo Blanch, pp. 705-718.

de modo no automático e, incluso, deshabilitar, revertir o dejar sin efecto las realizadas, también se prevén respecto las actuaciones proactivas.

52.3. En fin, las actuaciones asistidas generan un borrador total o parcial del texto que sirve de apoyo a las tareas del personal jurisdiccional, fiscalía o de los LAJ. Ese documento «complejo», basado en datos, puede ser producido por algoritmos y servir de apoyo o fundamento a una resolución judicial o procesal, pero en ningún caso constituye la resolución mientras no se valide por la autoridad competente, en el ámbito de sus competencias y bajo su responsabilidad. Así pues, aquí tales sujetos mantienen el pleno control sobre la decisión, debiendo los sistemas asegurar que el borrador documental solo se genere a voluntad del usuario y pueda ser libre y enteramente modificado. En este sentido, el art. 57.3 insiste en dicha idea al exigir que la constitución de la resolución no solo sea validada por la autoridad competente, sino que además requiere la identificación, autenticación o firma electrónica que en cada caso prevea la ley.

53. Por lo demás, en todas estas actuaciones (sean automatizadas, proactivas o asistidas), el art. 58 del RDL 6/2023, de 19 de diciembre, impone, como garantía clave, la necesidad de que los criterios de decisión empleados sean públicos y objetivos; en cambio, un aspecto que no se aborda es el relativo a la actuación que debe desarrollar el titular del órgano jurisdiccional cuando se aparta de la propuesta proporcionada por la inteligencia artificial, lo que abre un interesante espacio para la reflexión futura ¿se le exigirá un plus argumental que justifique esa separación?; ¿constituirá un motivo para formular un eventual recurso?; ¿o simplemente favorecerá un mayor esfuerzo por parte de los responsables de impartir justicia sabedores de que su solución es diferente de la propuesta por el programa? El tiempo nos sacará de dudas; o nos las incrementará.

III. Algunas reflexiones finales y propuestas de futuro

54. El análisis desarrollado en páginas anteriores permite comprobar que la digitalización de la justicia ha experimentado unos avances importantes que la pandemia no hizo más que acelerar.

54.1. En efecto, seguramente si nos cuestionásemos en el vacío por el «estado digital» de nuestra jurisdicción la respuesta sería dubitativa o, incluso, no saldría muy bien parada. No obstante, cuando se observan los avances experimentados de una manera conjunta y condensada, la percepción cambia. Así, desde las tímidas previsiones existentes en los años ochenta y noventa hasta los cambios que aventuraban los proyectos de ley de eficiencia procesal y de eficiencia digital, materializados parcialmente en el RDL 6/2023, de 19 de diciembre, la evolución ascendente resulta más que notoria. Estos avances, por otra parte, repercuten en una mejora o actualización del derecho a la tutela judicial efectiva, singularmente, en su faceta de derecho a un proceso sin dilaciones indebidas.

54.2. Con todo, la digitalización tan solo constituye una pieza importante para modernizar la justicia y facilitar a los ciudadanos el ejercicio del derecho fundamental a la tutela judicial efectiva, pero no es la solución de todos los males que a aquélla aquejan, ni mucho menos su piedra filosofal.

55. En efecto, de entrada, la digitalización de la justicia requiere de avances tecnológicos y de su perfeccionamiento, de manera singular, en todo lo relacionado con la seguridad del sistema, la identificación, la verificación, la compatibilidad y la interoperabilidad.

55.1. Ello exige, de manera derivada, una importante inversión económica y formativa, pero no solo en la administración de justicia, sino también en los ciudadanos, evitando que la brecha digital pueda colocarles en situaciones de desventaja o desigualdad. Asimismo, por lo que respecta de manera más concreta al desarrollo de la videoconferencia, su impulso deberá ir acompañado de otro tipo de modificaciones más relacionadas con los «comportamientos» o «prácticas» en sala[224] como puede ser la extensión de las alegaciones que se efectúen, el volumen de las pruebas propuestas, el modo en que se lleve a cabo la práctica de la misma, etc.

55.2. En el caso del proceso social parece más que conveniente incidir en la conveniencia de introducir una suerte de audiencia previa en la que ya se realice la proposición de prueba, así como la contestación a la demanda por escrito[225]. Este tipo de medidas, a las que ya me he referido (*supra*, 16.2), suelen encontrar una gran oposición desde la perspectiva de los principios de celeridad y concentración. No obstante, en términos de justicia y evitar la indefensión, insisto en que a. mi juicio resultan acertadas; y, en cualquier caso, la celeridad no depende solo de las «fases», sino de los plazos y, sobre todo, de los medios personales con que se disponga[226].

56. Por otra parte, existen otros caminos «no alternativos», sino concurrentes que deben coadyuvar a la mejora del sistema y a la consecución de un proceso sin dilaciones indebidas; en otras palabras, la «descongestión» no se alcanza solo por la vía tecnológica y con el incremento de efectivos. En este sentido, otra pieza relevante puede ser la del impulso a los procedimientos extrajudiciales de solución de conflictos o, en terminología actualizada, los mecanismos/medios adecuados para la solución de controversias (MASC).

56.1. La doctrina científica, habitualmente, ha destacado que el recurso a los medios alternativos constituye un

---

224 Entre otros, MARTÍNEZ DE SANTOS, A. (2021), *op. cit.*, p. 4/12.

225 GÓMEZ ESTEBAN, J. (2020), *op. cit.*, p. 7/12.

226 Entre otros, VÁZQUEZ SOTELO, J. L. (2008), *op. cit.*, p. 263.

revulsivo a la excesiva judicialización que presenta nuestro sistema de relaciones laborales[227]. Así, esta sobreutilización de la vía judicial generaría una sobrecarga de trabajo en los órganos jurisdiccionales y, por ende, una ralentización en la administración de justicia, para lo que los mecanismos extrajudiciales podrían servir como instrumento paliativo de dicha situación[228]. Por ello, no es de extrañar el impulso que se ha dado a los mismos, no solo en la «galaxia» laboral, sino en el «universo» jurídico en general. En el primer sentido, hay que destacar los efectos derivados de la reforma laboral de 1994, pues uno de sus objetivos fue, precisamente, el de impulsar este tipo de procedimientos[229], ya que, a decir de la doctrina, constituía uno de los grandes temas

---

227 En este sentido, entre otros, CRUZ VILLALÓN, J. (1989), "Constitución y proceso de trabajo", *Revista Española Derecho del Trabajo*, nº 38, p. 217; SALA FRANCO, T.; ALFONSO MELLADO, C. L. (1996), *Los procedimientos extrajudiciales de solución de los conflictos laborales establecidos en la negociación colectiva*, Valencia, Tirant lo Blanch, p. 17.

228 CRUZ VILLALÓN, J. (1989), *op. cit.*, p. 217, MARCOS FRANCISCO, D. (2022), "Reflexiones en torno a los MASC en el Anteproyecto de Ley de medidas de eficiencia procesal", en BARONA VILAR, S. (Ed.), *Meditaciones sobre mediación (MED+)*, Valencia, Tirant lo Blanch, p. 65; BELLIDO PENADÉS, R. (2022), "Nuevos impulsos a la mediación y a otros MASC para la resolución de controversias en Derecho privado en Derecho español (A propósito del Anteproyecto de Ley de medidas de eficiencia procesal)", en BARONA VILAR, S. (Ed.), *Meditaciones sobre mediación (MED+)*, Valencia, Tirant lo Blanch, p. 97; SALINAS MOLINA, F. (2023), *op. cit.*, p. 40.

229 Este impulso de la reforma de 1994 se destaca, entre otros, por CASAS BAAMONDE, M.ª E. (1994), "El arbitraje en la reforma de la legislación laboral", *Relaciones Laborales-II*, pp. 3 y ss.; CRUZ VILLALÓN, J. (1995), *El arbitraje laboral en la reforma legislativa*, Valencia, Tirant lo Blanch, pp. 40 y ss.; SÁNCHEZ FIERRO, J. (1995), "Potenciación de procedimientos extrajudiciales para la solución de conflictos laborales", en SAMPEDRO CORRAL, M. (Dir.), *Problemas procesales de la reforma laboral*, Madrid, CGPJ, p. 14; APILLUELO MARTÍN, M. (1996), "Nuevo modelo de conflictos de trabajo: medios de solución y el ASEC", en AA.VV., *La aplicación de la reforma del ET en la negociación colectiva. IX Jornadas de Estudio sobre la Negociación Colectiva*, Madrid, MTSS, p. 141; SALA FRANCO, T.; ALFONSO MELLADO, C. L. (1996), *op. cit.*, p. 37; GÁRATE CASTRO, J. (1998), "Composición y solución privada de conflictos de trabajo", *Revista Española de Derecho del Trabajo*, nº 87, p. 61.

pendientes del sistema español de relaciones laborales[230]. Asimismo, el impulso reseñado resulta igualmente apreciable en un ámbito más amplio que trasciende las relaciones laborales y alcanza a la generalidad de las relaciones jurídicas. En este sentido, cabe mencionar la labor desarrollada desde distintas instancias tanto internas como supranacionales, que han fraguado en diferentes actos e instrumentos con una verdadera labor promocional en la materia[231]. Al respecto, de entrada, cabe citar, en el ámbito de la Unión Europea, el Libro Verde sobre las modalidades alternativas de solución de conflictos en el ámbito del derecho civil y mercantil, presentado por la Comisión en abril de 2002, cuyo objetivo es, precisamente, el señalado[232]. En segundo lugar, la Directiva 2008/52/CE, de 21 de mayo, sobre ciertos aspectos de la mediación en asuntos civiles y mercantiles, que también se inscribe en esta línea de tendencia; en tercer lugar, ya en el ámbito interno, la Ley 5/2012, de 6 de julio, sobre mediación en asuntos civiles y mercantiles, por medio de la cual se llevó a cabo la trasposición de la Directiva señalada. En fin, más reciente, el proyecto de Ley de Eficiencia Procesal prestaba una notable atención a los MASC hasta el punto de configurarlos como uno de sus aspectos clave. Pues bien, aunque esas previsiones concretas sobre los MASC no resultaban aplicables en el terreno laboral, no hay que perder de vista que, entre las medidas incluidas en el proyecto de Ley de medidas de Eficiencia Procesal del servicio público de justicia, hay algunas que afectaban, pre-

---

[230] Entre otros, CASAS BAAMONDE, M.ª E. (1992), "La solución extrajudicial de los conflictos laborales", *Relaciones Laborales-II*, p. 27, o DEL REY GUANTER, S. (1992), "Los medios de solución de los conflictos colectivos de intereses y jurídicos", *Relaciones Laborales-II*, p. 190. Las razones sobre esta falta de desarrollo pueden verse en CRUZ VILLALÓN, J. (1995), *op. cit.*, pp. 13 y ss.; SALA FRANCO, T.; ALFONSO MELLADO, C. L. (1996), *op. cit.*, pp. 32 y ss. o VALDEOLIVAS GARCÍA, Y. (1997), "El acuerdo sobre solución extrajudicial de conflictos laborales: la superación de una asignatura pendiente", en VALDÉS DAL-RÉ, F. (Dir.), *La reforma pactada de las legislaciones laboral y de Seguridad Social*, Valladolid, Lex Nova, pp. 523 y ss.

[231] Así, por ejemplo, NUEZ RIVERA, S. (2021), *op. cit.*, p. 12.

[232] Documento COM (2002), 196 final.

cisamente, al trámite de conciliación preprocesal regulado en los arts. 63 y ss. LRJS en tres puntos particulares como son la actualización de los supuestos exceptuados, la reformulación de los efectos sobre la prescripción y caducidad de las acciones y la ampliación de las hipótesis de imposición de sanciones[233], todo ello con el objetivo de revitalizar este tipo de soluciones.

56.2. El desarrollo de las nuevas tecnologías de la información y la comunicación que hemos experimentado en las últimas décadas también ha dejado sentir sus consecuencias en el terreno de los procedimientos extrajudiciales de solución de conflictos los cuales, a su través, han iniciado un último paso evolutivo. Así, gracias a los avances tecnológicos, se han abierto paso una serie de procedimientos donde resulta posible la realización de las distintas actuaciones a distancia, por lo que en la cultura sajona se acuñó la denominación de «ODR» (*on line dispute resolution*), precisamente, para dar cuenta de esa idea.

57. La incorporación de las nuevas tecnologías en este ámbito, al igual que en el proceso judicial, se puede producir con diferentes grados de intensidad, si bien la doctrina destaca cómo en el terreno de los procedimientos extrajudiciales resulta más visible y se encuentra materializada en un mayor grado[234].

57.1. En todo caso, como decía, las posibles utilidades son las mismas, aunque la problemática subyacente no sea del todo coincidente, y vienen a responder a los siguientes niveles[235]. De entrada, en los estadios más sencillos, las nuevas tecnologías favorecen la posibilidad de presentar escritos por vía telemática, la realización de citaciones y comunicaciones de idéntico modo e, incluso, el desarro-

---

233 Esta sistematización en GARCÍA MURCIA, J. (2023), *op. cit.*, p. 77.

234 GUZMÁN FLUJA, V. C. (2017), *op. cit.*, p. 98.

235 Al respecto, GUZMÁN FLUJA, V. C. (2017), *op. cit.*, pp. 106 y ss.; MARTÍN DIZ, F. (2020), *op. cit.*, pp. 64 y ss.; BARONA VILAR, S. (2022), *op. cit.*, pp. 41 y 56; MARCOS FRANCISCO, D. (2023), *op. cit.*, pp. 1-41.

llo de sesiones a distancia mediante el recurso a las videoconferencias. Así surgieron los primeros procedimientos de mediación y arbitraje en línea con los que se pretendía mayor rapidez y agilidad, así como un menor coste[236]. Estas primeras experiencias hacen uso de las nuevas tecnologías de modo instrumental, pero el papel estelar continúa en manos de una persona[237]. A partir de ahí, un segundo estadio evolutivo se corresponde con aquellos casos en los que se incorpora la inteligencia artificial en el ámbito jurídico gracias a la automatización de razonamientos jurídicos y la aplicación de modelos computacionales de argumentación jurídica[238], aventurando lo que se ha dado en llamar por la doctrina un salto de las «ODR» a las «i-ODR»[239]. A su vez, el recurso a la inteligencia artificial puede moverse en dos planos diversos por un lado, el meramente asistencial en entornos ODR, facilitando la elección de mecanismos de solución más apropiado, la elección de la persona que ha de intervenir, orientando a las partes o al titular del órgano, etc.; por otro, su empleo en procedimientos con decisiones plenamente automatizadas.

57.2. Todo este proceso de incorporación se ha desarrollado de manera paulatina y continúa en estado de desarrollo, si bien ya cuenta con un claro reconocimiento normativo y experiencias al respecto más allá del ámbito laboral. Así, cabe mencionar el Reglamento comunitario 524/2013, del Parlamento y la Comisión, de 21 de mayo de 2013, sobre resolución de litigios en línea en materia de consumo, uno de cuyos frutos ha sido la creación de una plataforma para resolver este tipo de conflictos[240]. Igualmente, ya en el

---

236 BARONA VILAR, S. (2022), *op. cit.*, p. 41.

237 GUZMÁN FLUJA, V. C. (2017), *op. cit.*, p. 106.

238 MARTÍN DIZ, F. (2020), *op. cit.*, p. 63; SOLETO MUÑOZ, H. (2019), "Avances, tecnología y ADR en el sistema de justicia. La necesaria revolución de los sistemas de resolución de conflictos", en CONDE FUENTES, J.; SERRANO HOYO, G. (Dirs.), *La justicia digital en España y en la Unión Europea*, Barcelona, Atelier, pp. 341-353; BARONA VILAR, S. (2022), *op. cit.*, pp. 56 y ss.

239 MARTÍN DIZ, F. (2020), *op. cit.*, p. 64.

240 Al respecto, HERNÁNDEZ MOURA, B. (2019), *op. cit.*, pp. 393-401.

ámbito exclusivamente interno, piénsese en la Ley 5/2012, sobre mediación en el ámbito civil y comercial, cuyo art. 24 se destina a las actuaciones desarrolladas por medios electrónicos, las cuales encuentran desarrollo en los arts. 30 a 38 del RD 980/2013, de 13 de diciembre. El ámbito laboral no es ajeno a estas experiencias y la posibilidad de presentar por vía telemática los escritos y la realización de comunicaciones está plenamente asentada. Asimismo, durante la pandemia asistimos a la realización de actuaciones de este tipo por medios telemáticos. Por ello, hay que compartir las propuestas doctrinales que propugnan la conveniencia de dar unos pasos más decididos en la digitalización de la institución preprocesal, de manera que no se quede solo en la presentación de la papeleta, sino que alcance también a la tramitación y desarrollo de la misma[241].

58. En fin, en aras de descongestionar los tribunales, también se ha propuesto la conveniencia de limitar las pretensiones y revisar la imposición de costas[242], algo siempre más complejo por la dificultad de cohonestarlo con el derecho fundamental consagrado en el art. 24 CE. Con todo, por lo que respecta al orden social, hay algunas acciones cuya adopción podría tener una repercusión positiva en la señalada descongestión judicial.

58.1. Así, piénsese en la revisión del art. 66 LRJS sobre la imposición de multa por no asistir al intento de conciliación preprocesal y su ampliación hacia los casos en los que resulta temerario no alcanzar un acuerdo en dicha sede, como parece derivarse de la nueva redacción que se ha dado al art. 97.3 por el art. 104, número veintiuno, del RDL 6/2023, de 19 de diciembre.

58.2. En la misma línea, cabe citar la modificación del criterio general de recurribilidad en suplicación basado en la cuantía litigiosa que supere los 3.000 € por el criterio del

---

241 PÉREZ GAIPO, J. (2019), *op. cit.*, pp. 82-83.

242 MARTÍNEZ DE SANTOS, A. (2021), *op. cit.*, p. 4/12, si bien referido al proceso civil.

gravamen, como se propuso en su día por el CGPJ y que, sin embargo, no recogió el proyecto de Ley de Eficiencia Procesal, ni tampoco aparece, por desgracia, en el RDL 6/2023, de 19 de diciembre.

Bibliografía

«... las abejas que llevan el polen de una inteligencia a otra...».

James Russell Lowell (1819-1891).

ABANTO REVILLA, C.; DUFFOÓ CALLIRGOS, D. (2023), "El futuro es hoy el derecho procesal laboral y la necesaria implementación de la Inteligencia Artificial", *Laborem*, nº 28, pp. 81-103.

ABELLÁN ALBERTOS, A. (2020), "Actuaciones procesales mediante videoconferencia cuestiones a tener en cuenta en un juicio telemático civil por un abogado", *Práctica de Tribunales*, nº 147, noviembre de 2020, pp. 1-23.

ADÁN DOMÉNECH, F. (2008), "Problemática judicial de la documentación de las actuaciones judiciales", en CARPI, F.; ORTELLS RAMOS, M. (Eds.), *Oralidad y escritura en un proceso civil eficiente, Vol. II. Comunicaciones*, Valencia, Universitat de València, pp. 41-52.

AGUILERA IZQUIERDO, R. (2004), *Proceso Laboral y proceso civil convergencias y divergencias*, Madrid, Civitas.

ALEMAÑ CANO, J. (2008), *Estructura del proceso laboral*, Valencia, Tirant lo Blanch.

ALLENDE PÉREZ DE ARCE, J. A. (2019), "Tribunales civiles en línea una propuesta para introducirlos sin afectar el derecho a acceder a la justicia de quienes no están conectados a internet", *Revista Chilena de Derecho y Tecnología*, vol. 8, nº 1, pp. 185-206.

APILLUELO MARTÍN, M. (1996), "Nuevo modelo de conflictos de trabajo medios de solución y el ASEC", en AA.VV., *La aplicación de la reforma del ET en la negociación colectiva. IX Jornadas de Estudio sobre la Negociación Colectiva*, Madrid, MTSS, pp. 129-170.

ARENAS RAMIRO, M. (2019), "La modernización de la tutela judicial efectiva y el expediente judicial electrónico", en GÓMEZ MANRESA, M.ª F.; FERNÁNDEZ SALMERÓN, M. (Coords.), *Modernización digital e innovación de la administración de justicia*, Cizur Menor, Thomson-Reuters Aranzadi, pp. 243-289.

BARONA VILAR, S. (2020), "Justicia civil post-coronavirus, de la crisis a algunas de las reformas que se avizoran", *Actualidad Jurídica Iberoamericana*, nº 12 bis, mayo 2020, pp. 1-12.

BARONA VILAR, S. (2021), *Algoritmización del derecho y de la justicia. De la Inteligencia Artificial a la Smart Justice*, Valencia, Tirant lo Blanch.

BARONA VILAR, S. (2022), "La mediación y su espacio en el hábitat de la justicia integral, global, algorítmica ¿más o menos protagonismo?, en BARONA VILAR, S. (Ed.), *Meditaciones sobre mediación (MED+)*, Valencia, Tirant lo Blanch, pp. 31-61.

BAUZA MARTORELL, F. J. (2019), "Cómputo de plazos en el proceso judicial digital", en GÓMEZ MANRESA, M.ª F.; FERNÁNDEZ SALMERÓN, M. (Coords.), *Modernización digital e innovación de la administración de justicia*, Cizur Menor, Thomson-Reuters Aranzadi, pp. 431-447.

BELLIDO PENADÉS, R. (2022), "Nuevos impulsos a la mediación y a otros MASC para la resolución de controversias en Derecho privado en Derecho español (A propósito del Anteproyecto de Ley de medidas de eficiencia procesal)", en BARONA VILAR, S. (Ed.), *Meditaciones sobre mediación (MED+)*, Valencia, Tirant lo Blanch, pp. 97-125.

BORRÁS ANDRÉS, N. (2019), "La verdad y la ficción de la inteligencia artificial en el proceso penal", en CONDE FUENTES, J.; SERRANO HOYO, G. (Dirs.), *La justicia digital en España y en la Unión Europea*, Barcelona, Atelier, pp. 31-39.

BUENO BENEDÍ, M. (2022), "Retos pendientes en el uso de la videoconferencia y otras tecnologías en nuestra administración de justicia", *Práctica de Tribunales*, nº 159, noviembre de 2022, pp. 1-22.

CABEZUDO BAJO, M. J. (2020), "Avance hacia un juicio penal íntegramente telemático mediante un uso más generalizado de la videoconferencia eficiencia y derechos fundamentales", *Revista General de Derecho Procesal*, nº 52, pp. 1-39.

CABEZUDO RODRÍGUEZ, N. (2008), "Aproximación a la teoría general sobre el principio de inmediación procesal. De la comprensión de su trascendencia a la expansión del concepto", en CARPI, F.; ORTELLS RAMOS, M. (Eds.), *Oralidad y escritura en un proceso civil eficiente. Vol. II. Comunicaciones*, Valencia, Universitat de València, pp. 317-327.

CALAZA LÓPEZ, S. (2020), "Ejes esenciales de la justicia post-COVID", *Diario La Ley*, nº 9737, 17 de noviembre de 2020, pp. 1-20.

CARDONA FERNÁNDEZ, A. M. (2021), "La celebración de juicios telemáticos ¿es la solución a la pandemia y al colapso judicial", *Diario La Ley*, nº 9786, pp. 1-4.

CARNELUTTI, F. (1926), *Lezioni Di Diritto Processuale Civile. Volume Terzo. La funzione del processo di cognizione*, Padua, La Litotipo Casa Editrice.

CASAS BAAMONDE, M.ª E. (1992), "La solución extrajudicial de los conflictos laborales", *Relaciones Laborales-II*, pp. 27-39.

CASAS BAAMONDE, M.ª E. (1994), "El arbitraje en la reforma de la legislación laboral", *Relaciones Laborales-II*, pp. 3-9.

CERDÁ MESEGUER, J. I. (2019), "Hacia una administración de justicia plenamente electrónica disfunciones normativas y juriprudenciales", en GÓMEZ MANRESA, M.ª F.; FERNÁNDEZ SALMERÓN, M. (Coords.), *Modernización digital e innovación de la administración de justicia*, Cizur Menor, Thomson-Reuters Aranzadi, pp. 369-399.

CERNADA BADÍA, R. (2019), "«LexNET» o la selección natural en el foro del siglo XXI", en GÓMEZ MANRESA, M.ª F.; FERNÁNDEZ SALMERÓN, M. (Coords.), *Modernización digital e innovación de la administración de justicia*, Cizur Menor, Thomson-Reuters Aranzadi, pp. 401-429.

CHIOVENDA, G. /1923), *Principii di Diritto Processuale Civile. Il proceso di cognizione*, 3ª edición, Nápoles, N. Jovene N. C. (1ª edición 1906).

CONDE FUENTES, J. (2023), "El juez robot y la independencia judicial", en JIMÉNEZ CONDE, F.; BANACLOCHE PALAO, J.; GASCÓN INCHAUSTI, F. (Dirs.), *Logros y retos de la justicia civil en España*, Valencia, Tirant lo Blanch, pp. 649-664.

CORTÉS ABAD, O. (2019), "Justicia digital, abierta e innovadora hechos y retos", en GÓMEZ MANRESA, M.ª F.; FERNÁNDEZ SALMERÓN, M. (Coords.), *Modernización digital e innovación de la administración de justicia*, Cizur Menor, Thomson-Reuters Aranzadi, pp. 291-313.

CRUZ VILLALÓN, J. (1989), "Constitución y proceso de trabajo", *Revista Española Derecho del Trabajo*, nº 38, pp. 209-261.

CRUZ VILLALÓN, J. (1995), *El arbitraje laboral en la reforma legislativa*, Valencia, Tirant lo Blanch.

DE HOYOS, M. (2008), "Hacia un proceso civil más eficiente Comunicaciones telemáticas. El sistema LEXNET", en CARPI, F.; ORTELLS RAMOS, M. (Eds.), *Oralidad y escritura en un proceso civil eficiente, Vol. II. Comunicaciones,* Valencia, Universitat de València, pp. 93-103.

DE LA CASA QUESADA, S. (2023), "Retos del régimen de la prueba en el proceso social y sus recursos, en especial ante la transformación digital", *Revista de Trabajo y Seguridad Social. CEF,* nº 474, pp. 119-150.

DE LA OLIVA SANTOS, A. (2004-a), "Los principios del proceso", en DE LA OLIVA SANTOS, A.; DÍEZ-PICAZO GIMÉNEZ, I.; VEGAS TORRES, J., *Derecho Procesal. Introducción,* Madrid, Editorial Ramón Areces, pp. 55-71.

DE LA OLIVA SANTOS, A. (2004-b), "Estructura y formas básicas del proceso", en DE LA OLIVA SANTOS, A.; DÍEZ-PICAZO GIMÉNEZ, I.; VEGAS TORRES, J., *Derecho Procesal. Introducción,* Madrid, Editorial Ramón Areces, pp. 73-87.

DE LAMO RUBIO, J. (2018-a), "El proceso social digital y el principio de subsanación", *Diario La Ley,* nº 9112, pp. 1-8.

DE LAMO RUBIO, J. (2018-b), "La prueba documental en el proceso digital y la necesidad de un nuevo modelo de procedimiento social", *Diario La Ley,* nº 9131, 2 de febrero de 2018, pp. 1-11.

DE LAMO RUBIO, J. (2018-c), "Citación telemática a juicios, nulidad de actuaciones judiciales en el orden social", *Diario La Ley,* nº 9181, pp. 1-12.

DE LAMO RUBIO, J. (2019), "Nulidad de actuaciones judiciales y expediente judicial electrónico la primera citación de los demandados aun no personados", *Diario La Ley,* nº 9437, pp. 1-14.

DE LAMO RUBIO, J. (2021), "La conciliación intraprocesal social en el Anteproyecto de Ley de Eficiencia Procesal", *Diario La Ley,* nº 9767, pp. 1-15.

DEL REY GUANTER, S. (1992), "Los medios de solución de los conflictos colectivos de intereses y jurídicos", *Relaciones Laborales-II,* pp. 190-264.

DELGADO BÁIDEZ, J. M.ª (2019), "Incorporación del expediente administrativo al proceso judicial", en GÓMEZ MANRESA, M.ª F.; FERNÁNDEZ SALMERÓN, M. (Coords.), *Modernización digital e innovación de la administración de justicia,* Cizur Menor, Thomson-Reuters Aranzadi, pp. 449-483.

DELGADO MARTÍN, J. (2021), "Tecnología para afrontar los efectos de la pandemia sobre la justicia", *Diario La Ley*, nº 9781, 1 de febrero de 2021, pp. 1-12.

ERCILLA GARCÍA, J. (2020), "Tribunales virtuales y procedimiento on line solución de contingencia ante pandemias o evolución necesaria," *Revista de Trabajo y seguridad Social. CEF*, nº 446, pp. 109-141.

ESCOURIDO PÉREZ-SINDÍN, J. M. (2021), "El Anteproyecto de Ley de Medidas de Eficiencia Procesal del Servicio Público de Justicia reforma de la Ley de Enjuiciamiento Civil y su impacto en la Ley Reguladora de la Jurisdicción Social", *Cuadernos Digitales de Formación*, nº 38, pp. 1-15.

FERNÁNDEZ NIETO, L. A. (2019), "Los actos de comunicación procesal y el sistema informático de telecomunicaciones Lex Net en la jurisdicción social", *Diario La ley*, nº 9424, pp. 1-21.

FERNÁNDEZ SALMERÓN, M. (2019), "De la reutilización de sentencias al «Big Data» judicial. Aproximación a la metamorfosis experimentada por los modelos de uso de la información en el marco de la actividad jurisdiccional", en GÓMEZ MANRESA, M.ª F.; FERNÁNDEZ SALMERÓN, M. (Coords.), *Modernización digital e innovación de la administración de justicia*, Cizur Menor, Thomson-Reuters Aranzadi, pp. 64-102.

FERNÁNDEZ-FIGARES MORALES, M. J. (2021), *Audiencias telemáticas en la justicia. Presente y futuro*, Valencia, Tirant lo Blanch.

FONS RODRÍGUEZ, C. (2008), "La videoconferencia en el proceso civil (la telepresencia judicial)", en CARPI, F.; ORTELLS RAMOS, M. (Eds.), *Oralidad y escritura en un proceso civil eficiente*", *Vol. II. Comunicaciones*, Valencia, Universitat de València, pp. 53-60.

GÁRATE CASTRO, J. (1998), "Composición y solución privada de conflictos de trabajo", *Revista Española de Derecho del Trabajo*, nº 87, pp. 39-71.

GARCÍA BECEDAS, G. (2001), "Los principios informadores del proceso laboral", en ALONSO OLEA, M. *et altri*, *El proceso laboral. Estudios en homenaje al profesor Luis Enrique de la Villa Gil*, Valladolid, Lex Nova, pp. 203-210.

GARCÍA COSTA, F. M. (2019), "Perfiles constitucionales de la justicia electrónica", en GÓMEZ MANRESA, M.ª F.; FERNÁNDEZ SALMERÓN, M. (Coords.), *Modernización digital e innovación de la administración de justicia*, Cizur Menor, Thomson-Reuters Aranzadi, pp. 23-35.

GARCÍA MURCIA, J. (2023), "Las leyes de eficiencia del servicio público de justicia visión general y posible incidencia en la jurisdicción social", *Revista de Trabajo y Seguridad Social. CEF*, 474, pp. 55-83

GARCÍA SANZ, J.; GONZÁLEZ GUIMARAES DA SILVA, J. (2020), "Las vistas telemáticas en el proceso civil español visión comparada, regulación y cuestiones prácticas que suscita su celebración", *Diario La Ley*, nº 9659, 23 de junio de 2020, pp. 1-50.

GARCÍA-LUBÉN BARTHE, L. (2008), "Problemas que plantean los defectos de grabación de la vista en los juicios orales", en CARPI, F.; ORTELLS RAMOS, M. (Eds.), *Oralidad y escritura en un proceso civil eficiente, Vol. II. Comunicaciones*, Valencia, Universitat de València, pp. 61-71.

GARCÍA-VARELA IGLESIAS, R. (2021), "Camino a la inmediación digital en justicia juicios y actos procesales remotos", *Diario La Ley*, nº 9873, pp.1-13.

GASCÓN INCHAUSTI, F. (2021), "¿Han venido para quedarse las vistas telemáticas?", *Anuario Facultad de Derecho de la Universidad Autónoma de Madrid*, nº extraordinario, pp. 383-401.

GÓMEZ COLOMER, J. L. (2023), *El juez robot. La independencia judicial en peligro*, Valencia, Tirant lo Blanch.

GÓMEZ ESTEBAN, J. (2020), "Juicios telemáticos en el orden jurisdiccional social ¿utopía transformada en realidad apresurada?, *Diario La Ley*, nº 9662, 26 de junio de 2020, pp. 1-12.

GONZÁLEZ MALABIA, S. (2016), "Las TIC en el nuevo modelo de Justicia", en BARONA VILAR, S. (Coord.), *Mediación, Arbitraje y Jurisdicción en el actual paradigma de Justicia*, Thomson-Reuters Civitas, pp. 57-76.

GONZÁLEZ MALABIA, S. (2017), "Claroscuros del expediente judicial electrónico", en BARONA VILAR, S. (Coord.), *Justicia Civil y Penal en la era global*, Valencia, Tirant lo Blanch, pp. 123-147.

GUERRA GONZÁLEZ, R. (2021), "Generalización de los juicios celebrados por videoconferencia", *Diario La Ley*, nº 9854, pp. 1-18.

GUZMÁN FLUJA, V. C. (2017), "Sobre la aplicación de la Inteligencia artificial a la solución de conflictos", en BARONA VILAR, S. (Coord.), *Justicia Civil y Penal en la era global*, Valencia, Tirant lo Blanch, pp. 67-122.

HERNÁNDEZ MOURA, B. (2019), "La gestión digital de conflictos a través de la plataforma europea de resolución de litigios en línea", en CONDE FUENTES, J.; SERRANO HOYO, G. (Dirs.), *La justicia digital en España y en la Unión Europea*, Barcelona, Atelier, pp. 393-401.

LAFUENTE SEVILLA, R. (2021), "El papel del letrado de la Administración de Justicia en el proceso social puntos críticos y propuestas de reforma", *Cuadernos Digitales de Formación*, nº 38, pp. 1-13.

LÓPEZ BALAGUER, M. (2020), "La incidencia del sistema LEXNET en los actos de comunicación de la jurisdicción social en la doctrina de los tribunales", en SALA FRANCO, T. (Dir.), *Problemas actuales del Proceso Laboral*, Valencia, Tirant lo Blanch, pp. 189-217.

LÓPEZ HORMEÑO, M.ª C. (2021), "Principio de igualdad y tutela judicial efectiva sin indefensión en el proceso social, en especial, en el acto del juicio puntos críticos y propuestas de reforma", *Cuadernos Digitales de Formación*, nº 38, pp. 1-37.

LOREDO COLUNGA, M. (2020), "Actuaciones procesales con presencia telemática (o sobre cómo hacer de la necesidad virtud)", *Práctica de Tribunales*, nº 146, septiembre de 2020, pp. 1-16.

LOZANO GAGO, M.ª L. (2020), "La aportación de pruebas en los juicios civiles telemáticos", *Práctica de los Tribunales*, nº 147, noviembre, pp. 1-10.

LUELMO MILLÁN, M. A.; RABANAL CARBAJO, P. (1999), *Los principios inspiradores del proceso laboral*, Madrid, Mac Graw-Hill.

MAGRO SERVET. V. (2020-a), "Hacia el uso de habitual de las videoconferencias en las vistas judiciales. Aprovechando las enseñanzas del Coronavirus. De la excepción a la regla general del art. 19 RD 16/2020, de 28 de abril", *Diario La Ley*, nº 9646, 4 de junio de 2020, pp. 1-12.

MAGRO SERVET, V. (2020-b), "¿Pueden los testigos y peritos comparecer on line en una vista civil?", *Práctica de los Tribunales*, nº 147, noviembre, pp. 1-8.

MAGRO SERVET, V. (2022), "Optimización del uso de la videoconferencia en la Ley de medidas de eficiencia procesal del servicio público de justicia", *Práctica de los Tribunales*, nº 159, noviembre de 2022, pp. 1-13.

MARCOS FRANCISCO, D. (2022), "Reflexiones en torno a los MASC en el Anteproyecto de Ley de medidas de eficiencia procesal", en BARONA VILAR, S. (Ed.), *Meditaciones sobre mediación (MED+)*, Valencia, Tirant lo Blanch, pp. 63-96.

MARCOS FRANCISCO, D. (2023), "Smart ODR y su puesta en práctica el salto a la inteligencia artificial", *Revista General de Derecho Procesal*, 59, pp. 1-41.

MARTÍN CONTRERAS, L. (2016), "El «dies a quo» para el inicio del cómputo de los plazos en los actos de comunicación realizados a través del sistema LexNET", *Diario La Ley*, nº 8844, pp. 1-10.

MARTÍN DIZ, F. (2020), "Justicia digital post-covid19 el desafío de las soluciones extrajudiciales electrónicas de litigios y la inteligencia artificial", *Revista de Estudios Jurídicos y Criminológicos*, nº 2, pp. 41-74.

MARTÍN PASTOR, J. (2008-a), "Un paso importante hacia el proceso telemático en España el sistema informático de telecomunicaciones LexNET para la presentación de escritos y documentos, el traslado de copias y la realización de actos de comunicación procesal por medios telemáticos", en CARPI, F.; ORTELLS RAMOS, M. (Eds.), *Oralidad y escritura en un proceso civil eficiente, Vol. II. Comunicaciones*, Valencia, Universitat de València, pp. 129-140.

MARTÍN PASTOR, J. (2008-b), "Bases para el desarrollo del proceso telemático en el proceso civil español", en CARPI, F.; ORTELLS RAMOS, M. (Eds.), *Oralidad y escritura en un proceso civil eficiente, Vol. II. Comunicaciones*, Valencia, Universitat de València, pp. 115-128.

MARTÍN PASTOR, J. (2023), "Retos de la justicia digital", en JIMÉNEZ CONDE, F.; BANACLOCHE PALAO, J.; GASCÓN INCHAUSTI, F. (Dirs.), *Logros y retos de la justicia civil en España*, Valencia, Tirant lo Blanch, pp. 543-648.

MARTÍNEZ, J. (2016), "Lexnet análisis de los artículos 56.5 y 60.3.2 LRJS y del cómputo de los plazos procesales en el orden jurisdiccional social en relación con el artículo 162 LEC", *Diario La Ley*, nº 8844, pp. 1-13.

MARTÍNEZ DE SANTOS, A. (2021), "La videoconferencia en el juicio civil ¿un avance o un impulso precipitado?, *Diario La Ley*, nº 9805, 8 de marzo de 2021.

MARTÍNEZ MOYA, J. (2021), "La posición del Consejo General del Poder Judicial ante las reformas normativas que afectan al orden jurisdiccional social", *Cuadernos Digitales de Formación*, nº 38, pp. 1-71.

MASSIMIANI, C. (2016), "Costituzione del convenuto", en ROMEO, C. (a cura di), *Processo del Lavoro. Commento sulle norme del codice di rito, delle leggi speciali e analisi tematiche delle tutelle giurisdizionali*, Turín, G. Giappichelli Editore, pp. 99-113.

MERCADER UGUINA, J. (2017), *El futuro del trabajo en la era de la digitalización y de la robótica*, Valencia, Tirant lo Blanch.

MERCADER UGUINA, J. (2022), *Algoritmos e inteligencia artificial en el derecho digital del trabajo*, Valencia, Tirant lo Blanch.

MOLINA NAVARRETE, C. (2023), "¿«Nueva modernidad» para una jurisdicción social estancada? retos en los entornos de una «sociedad digital del trabajo» y justicia «multinivel»", *Revista de Trabajo y Seguridad Social. CEF*, 474, pp. 5-22.

MOLINS GARCÍA-ATANCE, J. (2021), "La prueba en el proceso social y en los recursos propuestas de reforma", *Cuadernos Digitales de Formación*, nº 38, pp. 1-26.

MONTERO AROCA, J. (1991), *Derecho Jurisdiccional-I. Parte General*, 2ª edición, Barcelona, José M.ª Bosch.

MONTORO SÁNCHEZ, J. A. (2023), "Actuaciones judiciales automatizadas en el Proyecto de Ley de Eficiencia Digital del servicio público de justicia, en JIMÉNEZ CONDE, F.; BANACLOCHE PALAO, J.; GASCÓN INCHAUSTI, F. (Dirs.), *Logros y retos de la justicia civil en España*, Valencia, Tirant lo Blanch, pp. 687-704.

MORENO GARCÍA, L. (2019), "Las notificaciones procesales por medios electrónicos a la luz de la reciente doctrina constitucional", en CONDE FUENTES, J., SERRANO HOYO, G. (Dirs.), *La justicia digital en España y en la Unión Europea*, Barcelona, Atelier, pp. 61-70.

MOYA AMADOR, R. (2023), "El proyecto de ley de eficiencia procesal y las reformas previstas en el proceso laboral", *Trabajo y Derecho*, nº 102, pp. 1-30.

NIEVA FENOLL, J. (2018), *Inteligencia artificial y proceso judicial*, Madrid, Marcial Pons.

NIEVA FENOLL, J. (2020), "La discutible utilidad de los interrogatorios de testigos y peritos. Algunas reflexiones sobre la oralidad en tiempos de pandemia", *Diario La Ley*, nº 9672, 13 de julio de 2020, pp. 1-17.

NORES TORRES, L. E. (2020), "Pandemia y reformas procesales la incidencia del COVID-19 en el proceso laboral, *Quaderns de Ciències Socials*, nº 44, pp. 18-37.

NORES TORRES, L. E. (2021), "La justicia laboral ante la COVID-19 reformas procesales en tiempos de pandemia", *Revista de Dereito do Trabalho e Seguridade Social*, nº 218, pp. 179-194.

NORES TORRES, L. E. (2022), *La prueba "internacional" en el proceso laboral*, Valencia, Tirant lo Blanch.

NORES TORRES, L. E. (2023), "El proceso de digitalización en la jurisdicción social algunos avances y perspectivas", *Lex Social. Revista de los derechos sociales*, vol. 13, nº 2, pp. 1-30.

NUEZ RIVERA, S. (2021), "Reformas legislativas e incidencia en las leyes orgánicas y en las leyes procesales sociales. Propuestas de reforma", *Cuadernos Digitales de Formación*, nº 38, pp. 1-20.

PALOMO VÉLEZ, D. (2021), "Procedimiento de aplicación general", en CORTEZ MATCOVICH, G.; DELGADO CASTRO, J.; PALOMO VÉLEZ, D. (2021), *Proceso laboral*, Santiago de Chile, Thomson-Reuters, pp. 85-289.

PEREA GONZÁLEZ, A. (2020), "Transparencia judicial una mirada sobre la justicia post-COVID-19", *Diario La Ley*, nº 9631, 13 de mayo de 2020, pp. 1-6.

PÉREZ DAUDÍ, V. (2019), "La justicia ante el reto de las TIC", en CONDE FUENTES, J.; SERRANO HOYO, G. (Dirs.), *La justicia digital en España y en la Unión Europea*, Barcelona, Atelier, pp. 87-101.

PÉREZ GAIPO, J. (2019), "El proceso laboral ante la era digital", en CONDE FUENTES, J.; SERRANO HOYO, G. (Dirs.), *La justicia digital en España y en la Unión Europea*, Barcelona, Atelier, pp. 71-83.

PÉREZ-LUÑO ROBLEDO, E. C. (2019), "La informatización de la administración de justicia en España", en CONDE FUENTES, J.; SERRANO HOYO, G. (Dirs.), *La justicia digital en España y en la Unión Europea*, Barcelona, Atelier, pp. 51-60.

PICÓ Y JUNOY, J. (2023), "La experiencia norteamericana de la Virtual Justice no es oro todo lo que reluce", en JIMÉNEZ CONDE, F.; BANACLOCHE PALAO, J.; GASCÓN INCHAUSTI, F. (Dirs.), *Logros y retos de la justicia civil en España*, Valencia, Tirant lo Blanch, pp. 719-728.

PRENDES VALLE, M.ª (2022), "Algunas reflexiones sobre los juicios telemáticos", *El derecho-Lefebvre*, 13 de enero de 2022.

RAYÓN BALLESTEROS, M.ª C. (2022), "Tecnología al servicio del proceso especial referencia a la celebración de juicios telemáticos", *Ius et Scientia*, vol 8, nº 1, pp. 189-199.

RICHARD GONZÁLEZ, M. (2020), "Elogio del juicio oral (presencial) escrito por un profesor partidario del uso de la tecnología en el sistema judicial", *Diario La Ley*, nº 9654, pp. 1-19.

RICHARD GONZÁLEZ, M. (2023), "Las actuaciones judiciales automatizadas, proactivas y asistidas previstas en el Anteproyecto de Ley de Medidas de Eficiencia Digital de 2011 en el marco de la estrategia europea de desarrollo de la inteligencia artificial", en JIMÉNEZ CONDE, F.; BANACLOCHE PALAO, J.; GASCÓN INCHAUSTI, F. (Dirs.), *Logros y retos de la justicia civil en España*, Valencia, Tirant lo Blanch, pp. 705-718.

RODRÍGUEZ-PIÑERO Y BRAVO-FERRER, M. (1969), "Sobre los principios informadores del proceso de trabajo", *Revista de Política Social*, nº 81, pp. 21-82.

SALA FRANCO, T.; ALFONSO MELLADO, C. L. (1996), *Los procedimientos extrajudiciales de solución de los conflictos laborales establecidos en la negociación colectiva*, Valencia, Tirant lo Blanch.

SALINAS MOLINA, F. (2023), "Una visión general de los desafíos de la jurisdicción social propuestas de reforma legislativa a partir de la experiencia práctica crítica", *Revista de Trabajo y Seguridad Social. CEF*, nº 474, pp. 25-53.

SALOM LUCAS, A. (2021), "Los juicios telemáticos ¿Ficción o realidad?, *Revista El Derecho-Lefevbre*, 7 de enero de 2021, pp. 1-6.

SÁNCHEZ FIERRO, J. (1995), "Potenciación de procedimientos extrajudiciales para la solución de conflictos laborales", en SAMPEDRO CORRAL, M. (Dir.), *Problemas procesales de la reforma laboral*, Madrid, CGPJ, pp. 9-28.

SÁNCHEZ RUBIO, A. (2019), "Un paso más hacia la E-justicia en la tramitación de asuntos civiles y mercantiles las notificaciones electrónicas transnacionales", en CONDE FUENTES, J.; SERRANO HOYO, G. (Dirs.), *La justicia digital en España y en la Unión Europea*, Barcelona, Atelier, pp. 103-113.

SANCHIS CRESPO, C. (2022), "Vistas telemáticas y plataformas digitales algunas cuestiones", *Revista Boliviana de Derecho*, nº 33, pp. 364-401.

SANCHIS CRESPO, C. (2023), "Inteligencia artificial y decisiones judiciales crónica de una transformación anunciada", *Scire*, vol. 29, nº 2, pp. 65-84.

SAN CRISTÓBAL VILLANUEVA, J. M. (2020), "La tramitación del proceso social por medios telemáticos y sus problemas", *Trabajo y Derecho*, nº 12, pp. 1-31.

SAN MIGUEL CASO, C. (2019), "Las técnicas de predicción judicial y su repercusión en el proceso", en CONDE FUENTES, J.; SERRANO HOYO, G. (Dirs.), *La justicia digital en España y en la Unión Europea,* Barcelona, Atelier, pp. 41-49.

SERRANO ESPINOSA, G. M.ª (2023), "Sobre la eficiencia procesal en la reforma del proceso laboral", *Diario La Ley,* nº 10277, pp. 1-9.

SOLETO MUÑOZ, H. (2019), "Avances, tecnología y ADR en el sistema de justicia. La necesaria revolución de los sistemas de resolución de conflictos", en CONDE FUENTES, J.; SERRANO HOYO, G. (Dirs.), *La justicia digital en España y en la Unión Europea,* Barcelona, Atelier, pp. 341-353.

SUSSKIND, R. (2020), *Tribunales on line y la justicia del futuro,* Madrid, La Ley-Wolters Kluwer (Traducción por GEA Textos S.L. del original en inglés *Online Courts and the future of Justice* publicado en 2019).

TARUFFO, M. (2008), "Oralidad y escritura como factores de eficiencia en el proceso civil", en CARPI, F.; ORTELLS RAMOS, M. (Eds.), *Oralidad y escritura en un proceso civil eficiente, Vol. I. Ponencias generales e informes nacionales,* Valencia, Universitat de València, pp. 205-219.

TIERNO BARRIOS, S. (2019), "E-justicia y videoconferencia especial referencia a la cooperación en materia civil", en CONDE FUENTES, J.; SERRANO HOYO, G. (Dirs.), *La justicia digital en España y en la Unión Europea,* Barcelona, Atelier, pp. 115-123.

TODOLÍ SIGNES, A. (2023), *Algoritmos productivos y extractivos. Cómo regular la digitalización para mejorar el empleo e incentivar la innovación,* Cizur Menor, Aranzadi.

TORRES ROSELL, N. (2020), "Medidas ¿organizativas y tecnológicas) aprobadas en el RDL 16(/2020", *Diario La Ley,* nº 9647, 5 de junio de 2020, pp. 1-12.

TORRÓ ENGUIX, J. (2018), "Aspectos críticos del proceso laboral y el expediente judicial electrónico", *Revista Derecho Social y Empresa,* nº 9, pp. 1-26.

TUSET VARELA, D. (2020), "Proceso 2.0 video-identificación identidad digital autosoberana y brecha digital", *Diario La Ley,* nº 9671, 10 de julio de 2020, pp. 1-9.

VALDEOLIVAS GARCÍA, Y. (1997), "El acuerdo sobre solución extrajudicial de conflictos laborales la superación de una asignatura pendiente", en VALDÉS DAL-RÉ, F. (Dir.), *La reforma pactada de las legislaciones laboral y de Seguridad Social*, Valladolid, Lex Nova, pp. 519-567.

VALERO CANALES, A. L. (2019), "Consideraciones procesales del expediente judicial electrónico", en GÓMEZ MANRESA, M.ª F.; FERNÁNDEZ SALMERÓN, M. (Coords.), *Modernización digital e innovación de la administración de justicia*, Cizur Menos, Thomson-Reuters Aranzadi, pp. 343-367.

VALERO CANALES, A. L. (2020), "Notificaciones telemáticas. Presente y futuro. Novedades ante las modificaciones del estado de alarma", *Práctica de los Tribunales*, nº 147, noviembre, pp. 1-12.

VALLE MUÑOZ, F. A. (1999), "Los principios rectores del proceso laboral manifestaciones en la LPL y tratamiento jurisprudencial", *Aranzadi Social*, Tomo V, pp. 499-520.

VÁZQUEZ SOTELO, J. L. (2008), "La oralidad y la escritura en el moderno proceso civil español y su influencia sobre la prueba", en CARPI, F.; ORTELLS RAMOS, M. (Eds.), *Oralidad y escritura en un proceso civil eficiente, Vol. II. Comunicaciones*, Valencia, Universitat de València, pp. 257-276.

VELASCO NÚÑEZ, E. (2002), "La videoconferencia llega a los juzgados", *Diario La Ley*, nº 5481, pp. 1786-1788.

VÉLEZ TORO, A. J. (2021), "La normalización de una justicia de excepción", *Diario La Ley*, nº 9779, pp. 15.